ACCESO GRATIS *a la Lectura en la Nube*

Para visualizar el libro electrónico en la nube de lectura envíe junto a su nombre y apellidos una fotografía del código de barras situado en la contraportada del libro y otra del ticket de compra a la dirección:

ebooktirant@tirant.com

En un máximo de 72 horas laborales le enviaremos el código de acceso con sus instrucciones.

EL CRÉDITO PÚBLICO EN LAS REESTRUCTURACIONES

(Una aproximación desde la Directiva 2019/1023, sobre reestructuración e insolvencia)

EL CRÉDITO PÚBLICO EN LAS REESTRUCTURACIONES

(Una aproximación desde la Directiva 2019/1023, sobre reestructuración e insolvencia)

NURIA BERMEJO GUTIÉRREZ
Profesora Titular de Derecho Mercantil
Universidad Autónoma de Madrid

tirant lo blanch
Valencia, 2024

En caso de erratas y actualizaciones, la Editorial Tirant lo Blanch publicará la pertinente corrección en la página web www.tirant.com.

La presente obra ha sido sometida a la revisión de pares ciegos según el protocolo de publicación de la editorial a efectos de ofrecer el rigor y calidad correspondiente tanto en su contenido como en su forma, aplicándose los criterios específicos aprobados por la Comisión Nacional E 016 (BOE num. 286, de 26 de noviembre de 2016).

Colección dirigia por:

Enrique Sanjuan y Muñoz
Magistrado

Ana Belén Campuzano
Catedrática de Derecho Mercantil

EDITA: TIRANT LO BLANCH
C/ Artes Gráficas, 14 - 46010 - Valencia
TELFS.: 96/361 00 48 - 50
FAX: 96/369 41 51
Email: tlb@tirant.com
www.tirant.com
Librería virtual: www.tirant.es
DEPÓSITO LEGAL: V-4644-2024
ISBN: 978-84-1095-262-1
MAQUETA: Tink Factoría de Colors

Si tiene alguna queja o sugerencia, envíenos un mail a: *atencioncliente@tirant.com*. En caso de no ser atendida su sugerencia, por favor, lea en *www.tirant.net/index.php/empresa/politicas-de-empresa* nuestro procedimiento de quejas.

Responsabilidad Social Corporativa: http://www.tirant.net/Docs/RSCTirant.pdf

A David, mi apoyo más fuerte.

Índice

Abreviaturas

AAP	Auto de la Audiencia Provincial
ADCo	Anuario de Derecho Concursal
AEAT	Agencia Estatal de Administración Tributaria
CDTI	Centro para el Desarrollo Tecnológico Industrial
CECA	Comunidad Económica del Carbón y del Acero
D.A.	Disposición Adicional
F.D.	Fundamento de Derecho
ICO	Instituto de Crédito Oficial
I&R	Revista General de Insolvencias y Reestructuraciones
IVA	Impuesto sobre el Valor Añadido
LC	Ley concursal
LGT	Ley General Tributaria
LGP	Ley General Presupuestaria
LGS	Ley General de Subvenciones
LOFCA	Ley Orgánica de Financiación de las Comunidades Autónomas
OUP	Oxford University Press
Párrs.	Párrafos
RCP	Revista de Derecho Concursal y Paraconcursal
RDM	Revista de Derecho Mercantil
RGDE	Revista General de Derecho Europeo
RGR	Reglamento General de Recaudación
RGSS	Reglamento General de la Seguridad Social
SEPI	Sociedad Estatal de Participaciones Industriales
StaRUG	Gesetz über den Stabilisierungs- und Restrukturierungsrahmen für Unternehmen

STJ	Sentencia del Tribunal de Justicia
STPI	Sentencia del Tribunal de Primera Instancia
STS	Sentencia del Tribunal Supremo
TFUE	Tratado sobre el Funcionamiento de la Unión europea
TGSS	Tesorería General de la Seguridad Social
TRLRHL	Texto Refundido de la Ley del Régimen Jurídico de las Haciendas Locales
TRLGSS	Texto Refundido de la Ley General de la Seguridad Social
ZIP	Zeitschrift für Wirtschaftsrecht

Preliminar

El lector que se acerque a este libro no encontrará una exposición al uso del régimen jurídico del crédito público en las reestructuraciones. Encontrará, en cambio, una reflexión sobre el interés de involucrar a estos créditos en las reestructuraciones a partir de lo dispuesto en la Directiva (UE) 2019/1023, sobre reestructuraciones e insolvencia, transpuesta a nuestro ordenamiento jurídico por la Ley 16/2022, de 6 de septiembre, y una propuesta de cómo llevarlo acabo con los materiales normativos que el legislador ha puesto en nuestras manos. Esta cuestión es fundamental cuando de lo que estamos hablando es de la vida o la muerte de empresas valiosas —esto es, de las que valen más reorganizadas que liquidadas—, cuya supervivencia se trata de posibilitar a través de la reestructuración de su deuda. A diferencia de los viejos acuerdos de refinanciación homologados, los planes de reestructuración tienen carácter colectivo y pueden afectar —con las salvedades dispuestas en la directiva— a todos los créditos existentes al tiempo de su formalización. Entre esas salvedades no se encuentra el crédito público. En este contexto, resulta paradójico que el instrumento colectivo que está llamado a superar las carencias evidenciadas por los costosos procedimientos concursales tradicionales —en nuestro caso, el concurso de acreedores— se configure por nuestro legislador con menos "capacidad" que un convenio concursal para reestructurar el pasivo público no privilegiado del deudor.

La importancia del tema es, si cabe, aún mayor, a la vista de las importantes ayudas públicas que se han otorgado con el fin de superar las dificultades ocasionadas por situaciones de crisis exógenas, como la pandemia de COVID-19 o la guerra de Ucrania, y que, en determinados casos, han recibido la consideración de crédito público. Con estas decisiones, se amplía la nómina de los créditos que integran la categoría de los créditos públicos, definidos, conforme a varias sentencias del Tribunal Supremo, como aquellos derechos de contenido económico que cumplen los requisitos que establece el artículo 5.2 LGP en cuanto a titularidad y origen. Como veremos, el problema está, ciertamente, en la ampliación de la lista, pero también en el hecho de que muchos de estos créditos de titularidad pública están más cerca del crédito de un financiador o de un proveedor de servicios que de los tributos o de las cuotas de la Seguridad social, que son los supuestos paradigmáticos de crédito público.

Precisamente, fue la preocupación que generaba el impacto que pudiera tener el incremento del crédito público sobre las reestructuraciones la que motivó que, en mayo de 2021, *INSOL Europe* organizara una conferencia sobre estas cuestiones en la que tuve el honor de participar como ponente y que me brindó oportunidad de exponer por primera vez parte de las ideas fundamentales que hoy se desarrollan en este trabajo[1]. En ella puse de manifiesto el interés de posibilitar la reestructuración del crédito público que en modo alguno quedaba excluido de los marcos de reestructuración, como resultaba de lo dispuesto en el artículo 1.5 y 6 de la directiva, y en los considerandos 44 y 52. Estas ideas, que han calado en algunos de los autores que se han acercado a examinar el tratamiento que recibe el crédito público en el derecho preconcursal español, fueron, de nuevo, expuestas en el XVIII Congreso del Instituto Iberoamericano de Derecho concursal celebrado en Roma, en junio de 2022 y reelaboradas hasta dar lugar al trabajo que ve ahora la luz. Esta obra se publica en el marco del marco del proyecto de investigación "Reestructuraciones y Gobierno corporativo" (ref. PID2022-138664NB-C22), que dirijo, y que está finan-

[1] Los materiales de la conferencia "Public Creditors in Preventive Restructuring Frameworks: Considerations in the Light of the Pandemic Crisis" están disponibles en libre acceso en INSOL Europe (https://www.insol-europe.org›documentsPDF) y en https://refor.economistas-desarrollo.es/?mailpoet_router&endpoint=view_in_browser&action=view&data=WzUzNSwiNDkwNGM1MWRiZWZjIiwwLDAsMCwxXQ.

ciado por el Ministerio de Ciencia e Innovación (MCIN/AEI/10.13039/501100011033/FEDER, UE).

No quiero cerrar este preámbulo sin expresar mi agradecimiento por las observaciones y sugerencias que he recibido de mis compañeros, los profesores Javier Díez-Hochleitner Rodríguez, Andrés García Martínez, Francisco Garcimartín Alférez, Carmen Martínez Capdevila, Aurora Martínez Flórez y Francisco Velasco Caballero. Estas me han resultado particularmente valiosas para llevar a buen puerto un trabajo como este, que tiene una buena dosis de transversalidad y que, en no pocas ocasiones, me ha obligado a aventurarme por territorios que están más allá de los límites del derecho de la insolvencia e, incluso, del derecho privado. Debo hacer extensivo mi agradecimiento a Juan Ignacio Fernández Aguado, Cayetana Ladó Castro-Rial y Francisco Pérez Crespo que amablemente me han facilitado el acceso a resoluciones judiciales, planes de reestructuración y comunicaciones que no se encontraban disponibles en las bases de datos al uso. Y al profesor Michael Veder debo agradecerle que me haya facilitado la Instrucción temporal para la tramitación de solicitudes de saneamiento de empresarios en dificultades financieras durante la crisis del coronavirus, adoptada por las autoridades neerlandesas. También debo dar las gracias al profesor Andrés Recalde por sus gestiones con la editorial para la publicación de la obra. *Last but not least.* Con mi maestro, el profesor Cándido Paz-Ares, tengo contraída una deuda de gratitud que nunca podré pagar. A él le quiero agradecer aquí su magisterio infinito. Como no puede ser de otra forma, la responsabilidad última del trabajo es solo mía.

§1. Introducción

1.1. PLANTEAMIENTO DE LA CUESTIÓN

El tratamiento que debe darse al crédito público en las situaciones de crisis empresarial constituye una cuestión clásica del derecho de la insolvencia. En este debate se defiende que se otorgue una protección particular a los créditos de los que es titular el Estado haciendo valer la necesidad de garantizar la contribución de los ciudadanos al sostenimiento del gasto público y la defensa del interés general (artículo 31.1 CE), así como el hecho de que el Estado es un acreedor involuntario que no puede obtener garantías de sus deudores[2]. Este trato privilegiado puede ser procedimental, al quedar los créditos públicos total o parcialmente excluidos de la paralización de las ejecuciones singulares que se activa con la apertura del procedimiento, o material, al recibir una mejor consideración en el reparto del valor existente en el patrimonio del deudor. Sin embargo, frente a esta posición, se reprocha al Estado que, como consecuencia del tratamiento privilegiado que reciben sus créditos, se apropie de valor en perjuicio de los demás acreedores. Este mejor trato se considera injustificado fundamentalmente por dos razones: la primera, la capacidad de diversificación que tiene el Estado, la cual excede la de muchos acreedores privados y hace que su aptitud para soportar las pérdidas sea considerablemente superior a la de estos; y la segunda, el incremento del volumen de riesgo que impone al resto de los acreedores, lo que se tra-

---

2 Así, por ejemplo, v. C. LADÓ CASTRO-RIAL, "El crédito público en la Ley de Reforma del Texto Refundido de la Ley Concursal", I&R, nº 7, 2022, pp. 173-211, p. 174; J. PULGAR, "Reestructuraciones preconcursales forzosas: el mejor interés de los acreedores", RDM, nº 323, 2022, III.5.1 (versión Proview), y P. NOVO CUBA, "El crédito público en la reestructuración", en A. COHEN (dir.), *El nuevo marco jurídico de la reestructuración de empresas en España*, Thomson Reuters, Cizur Menor, 2023, VI (versión Proview).

duce *ex ante* en un aumento de los costes de financiación del deudor si no quieren sufrir *ex post* las consecuencias negativas de dicho tratamiento privilegiado[3].

La transposición a nuestro ordenamiento jurídico de la Directiva (UE) 2019/1023, sobre reestructuraciones e insolvencia (en adelante, la directiva), ha reavivado el debate como consecuencia de la solución adoptada en la Ley 16/2022 con respecto a las reestructuraciones. Por una parte, la norma deja a los créditos públicos *de facto* al margen de los planes de reestructuración (arts. 605 y 616.2 LC), y por otra, aun cuando puedan verse afectados por estos, limita significativamente el alcance de dicha afectación (arts. 616.2 y 616 bis LC), lo que potencia el primer efecto. Esta exclusión de hecho de las reestructuraciones se construye sobre la base de *tres medidas* concretas. La primera es *impedir* que los créditos públicos resulten afectados por un plan de reestructuración si el deudor no está al corriente del pago de sus obligaciones tributarias o con la Seguridad social y tienen una antigüedad igual o superior a dos años (art. 616.2 LC). La segunda es *excepcionar* para los créditos públicos la paralización de las ejecuciones singulares sobre bienes o derechos que sean necesarios para la continuidad de la actividad empresarial o profesional del deudor, que despliega sus efectos de manera automática con la comunicación de inicio de negociaciones respecto de los acreedores que puedan verse afectados por el plan de reestructuración (art. 605 LC). Y la tercera es *limitar* significativamente el alcance que el plan pueda tener sobre los créditos públicos impidiendo que se les impongan quitas y acotando las esperas a las que pueden quedar sujetos (arts.

---

3 Sobre esta cuestión sigue siendo obligada la referencia al informe redactado por Sir Kenneth CORK, *Insolvency Law and Practice. Report of the Review Commitee*, Londres, 1982, pp. 319-324. En él lleva a cabo un agudo análisis de la problemática que plantea el tratamiento del crédito público en las situaciones concursales que mantiene aún toda su vigencia. Entre nosotros, v. J.M. GARRIDO, *Tratado de las prefencias del crédito*, Civitas Madrid, 2000, pp. 465-468; N. BERMEJO, *Créditos y quiebra*, Civitas, Madrid, 2002, pp. 292-294.

616 y 616 bis LC). De este modo, se *minimiza el impacto de las reestructuraciones sobre el crédito público y se reconducen estas a los procedimientos de fraccionamiento y aplazamiento* específicos establecidos en la legislación tributaria y de la Seguridad social en los que sólo se pueden imponer al crédito público ciertas modificaciones y, lo que es más importante, *nunca en contra de su voluntad.*

El debate se presenta aquí desde una nueva óptica. No se trata ahora de discutir si debe asignarse al crédito público un mejor derecho de cobro en las situaciones de insolvencia que al resto de los créditos. Partiendo de los derechos que el legislador ya reconoce a los créditos públicos, la cuestión que debe esclarecerse es si su naturaleza constituye una razón suficiente para excluirlos de los marcos preventivos y abordar su reestructuración en otro foro. Entre nosotros, esta cuestión tiene como antecedente inmediato la anterior regulación de los acuerdos de refinanciación homologados, conforme a la cual no se extendía a dichos créditos la paralización de ejecuciones, y no podían resultar afectados por dichos acuerdos al no tener la consideración de "pasivo financiero" (arts. 593 y 606.2 LC, en la versión de la norma anterior a la transposición de la directiva). Además, frente a lo dispuesto para otros "pasivos no financieros" —p.ej., los créditos de proveedores—, los créditos públicos tenían también vedada la posibilidad adherirse al acuerdo (art. 616.1 LC, en la versión de la norma anterior a septiembre de 2022). En otros ordenamientos de nuestro entorno, esa cuestión se suscitó en los debates que tuvieron lugar en el marco de la transposición de la directiva con relación a la definición del perímetro de afectación del plan de reestructuración y su configuración como un instrumento de carácter semi-coletivo, limitado en su alcance a determinados créditos, o colectivo, que puede alcanzar a todos los créditos —salvo a los excluidos por la directiva—[4].

---

[4] En la doctrina alemana, parte de los autores se manifestaron a favor de limitar el alcance del plan a los pasivos financieros. Así, por ejemplo, v. H. VALLENDER, "Das vorgerichtliche Sanierungsverfahren

1.2. LA HIPÓTESIS DE TRABAJO

La tesis que pretendemos desarrollar es que la naturaleza pública de los créditos y la protección de los intereses asociados a los mismos no constituye una razón para excluir la reestructuración de este pasivo del marco general que nos proporciona la ley concursal. Sobre todo, cuando la directiva no ha optado por un modelo que la limite a la reestructuración del pasivo financiero. Para ello, examinaremos críticamente el tratamiento que en nuestro ordenamiento se reserva a los créditos públicos en las reestructuraciones y comprobaremos que excluir al crédito público de estas destruye valor y reduce el bienestar social. No poder reestructurar el crédito público en el mismo marco que el resto de los créditos incrementa los costes de la reestructuración al obligar a las empresas a llegar a acuerdos particulares con las administraciones titulares de dichos créditos —la Agencia Estatal de Administración Tributaria (en adelante, AEAT); la Tesorería General de la Seguridad Social (en adelante, TGSS); las administraciones autonómicas y locales, etc.— para obtener aplazamientos con arreglo a lo dispuesto en la legislación tributaria y de la Seguridad social. Esta solución exacerba el dilema del caladero común propio de las situaciones de insolvencia —probable, inminente o actual— y favorece la redistribución de valor en perjuicio de los acreedores privados. Todo ello resulta incompatible con la finalidad declarada de la directiva, que es permitir que empresas valiosas —"viables" en la terminología que utiliza la norma europea— que se hallen en dificultades financieras puedan beneficiarse de un marco de reestructuración efectivo que les permita continuar

---

– muss Deutschland sich bewegen?", ZIP, nº 22, 2016, pp. 82-85, p. 85; GRAVENBUCHER KREIS, "Vorinsolvenzliches Sanierungsverfahren in Deutschland?", ZIP, nº 25-26, 2016, pp. 1208-1210, p. 1209. Por su parte, C. THOLE, "Der Richtlinienvorschlag zum präventiven Restrukturierungsrahmen", ZIP, nº 3, 2017, pp. 101-112, p. 107, advertía de la reacción política que podía generar la afectación de los créditos públicos por el plan, así como de la posibilidad de que pudieran ser arrastrados.

su actividad y evitar la liquidación[5]. Además, la solución adoptada contrasta con la seguida en otros ordenamientos de nuestro entorno que, como veremos, se han limitado a reconocer en las reestructuraciones el mejor derecho de cobro que corresponde a los créditos públicos para que queden integrados en la clase que les corresponda y puedan resultar afectados por el plan de reestructuración en los mismos términos que los créditos privados. Así pues, se hace necesario construir alternativas que permitan maximizar la satisfacción de estos créditos sin comprometer el buen fin de las reestructuraciones.

Para desarrollar esta idea, empezaremos delimitando el concepto de crédito público y determinaremos qué créditos quedan comprendidos en esta categoría (v. *infra* § 2). Aquí veremos que es necesario realizar ciertos ajustes que permitan circunscribir la categoría a aquellos que verdaderamente reúnen los requisitos para quedar integrados en ella. Como comprobaremos, determinados créditos de titularidad pública no deben recibir la consideración de créditos públicos pues no resultan del ejercicio de potestad administrativa alguna, sino de las facultades comunes que corresponden a cualquier financiador o proveedor. Por lo tanto, estos créditos deben poder resultar afectados por la reestructuración. El caso más conocido es, probablemente, el de los créditos resultantes de la ejecución de los avales que gestiona el ICO (v. *infra* § 3). Sin embargo, como expondremos, hay otros créditos de titularidad pública que deben igualmente ser excluidos de dicha categoría. A continuación, examinaremos las medidas adoptadas por el legislador para dejar fuera de las reestructuraciones al crédito público —la exclusión de los créditos públicos de la reestructuración cuando el deudor no se encuentre al corriente de pago de sus obligaciones tributarias o con la Seguridad social, o los créditos no tengan una antigüedad inferior a dos años (v. *infra* § 4); la exclusión de la paralización de las ejecuciones sobre el patrimonio del deudor

---

[5] Considerandos 1 y 2.

(v. *infra* § 5), y en el supuesto de que pudiera afectarse al crédito público por el plan, la limitación de las medidas que pueden imponerse al mismo (v. *infra* § 6)—, así como las consecuencias negativas que dichas medidas pueden tener sobre aquellas. En este marco, veremos que dichas medidas no son compatibles con lo dispuesto en Directiva 2019/1023. Para remediar esta situación, y ante la imposibilidad de llevar a cabo una interpretación de las normas nacionales conforme a aquella a la vista de lo que tiene establecido el Tribunal de Justicia en este punto, propondremos que estas medidas sean inaplicadas por los tribunales nacionales con base en la jurisprudencia del Tribunal relativa al efecto directo las directivas en las relaciones entre el Estado y los particulares (v. *infra* §§ 4.5, 5.5 y 6.3). Ahora bien, dicho esto, no desconocemos que existen ciertas dificultades para involucrar al crédito público en las reestructuraciones. Para salvarlas sugerimos, por una parte, en línea con lo que ya se prevé en la ley concursal, que se excluya al crédito público de determinadas medidas de reestructuración que no parecen adecuadas a la vista de las características del mismo, y por otra, que las administraciones correspondientes adopten instrumentos de *soft-law* que identifiquen los intereses del crédito público y sirvan de guía de actuación para quienes están llamados a participar en la decisión de la reestructuración. Asimismo, demostraremos que su inclusión en la reestructuración no dificulta la adopción del plan (v. *infra* § 7).

Así, este trabajo transciende la crítica a la solución legislativa y ofrece soluciones concretas a los problemas que esta plantea. Por una parte, reduce la nómina de créditos públicos excluyendo aquellos que resultan del ejercicio de las facultades comunes de cualquier financiador o proveedor de servicios por parte de los organismos públicos y, por otra, proporciona a los operadores jurídicos un remedio eficaz para neutralizar los desvíos en los que aquella incurre respecto de la directiva, permitiendo afectar al crédito público cuando sea de interés para el buen fin de la reestructuración. Además, desde el lado del crédito público, ofrece fórmulas que faciliten su participación en las reestructuraciones tomando en cuenta sus particularidades.

§2. *Los créditos públicos*

2.1. LA DELIMITACIÓN DEL CONCEPTO

Los términos "crédito público" o "crédito de derecho público" que se utilizan en la ley concursal, tanto en sede de concurso como de reestructuración, son expresiones comunes empleadas para referirse a determinados derechos de contenido económico cuya titularidad corresponde a las Administraciones y a los organismos públicos[6]. En concreto, estos se refieren a *los derechos de crédito de naturaleza pública de la Hacienda estatal*, entre los que se incluyen los *tributos* —que, como es sabido, se imponen coactivamente para el sostenimiento del gasto público (art. 31.1 CE y D.A. 1ª.2 LGT)—, así como los *demás derechos de contenido económico* cuya titularidad corresponde a *la Administración General del Estado* y a sus *organismos autónomos* y que *derivan del ejercicio de potestades administrativas* (art. 5.2 LGP)[7]. En

6 Entre otros, v. el artículo 265 LC, aunque utilizando la formulación más extensa de "créditos de derecho público de las Administraciones públicas y sus organismos públicos"; el artículo 280.4º LC ("los demás [créditos] de Derecho público"); los artículos 586.1.10º y 605 LC ("acreedores públicos"); los artículos 586.1.3º, 616.2, 616 bis, 624 bis y la D.A. 1ª LC; ("créditos de Derecho público"), y los artículos 633.12ª y 643.3 LC ("crédito público"). En sede fiscal, encontramos expresiones semejantes en el Reglamento General de Recaudación, que ordena el cobro de todos los recursos de naturaleza pública de la Hacienda estatal. Así, por ejemplo, se refiere a "los créditos de naturaleza pública" para precisar que los denominará "deudas". Igualmente, menciona las "deudas tributarias y demás de naturaleza pública" al regular el aplazamiento y fraccionamiento en el pago, utilizando una expresión cercana a la utilizada en el artículo 280.4º LC.

7 Subrayan la necesidad de que concurran los dos requisitos que establece la ley, J. GARCÍA-CRUCES, "Crédito público y planes de reestructuración", en J.A. GARCÍA-CRUCES (coord.), *De Iure Mercatus. Libro Homenaje al Prof. Dr. h. c. Alberto Bercovitz Rodríguez Cano*, Tirant lo Blanch, Valencia, 2023, pp. 4249-4291, pp. 4256-4258 y 4265, y A. GALLEGO CÓRCOLES, "La afectación del crédito público por los planes de reestructuración en el texto refundido de la ley concursal

este sentido, el Tribunal Supremo ha precisado que la mención que se hace a "los demás créditos de derecho público" en el artículo 280.4º LC se refiere a todos los derechos de contenido económico, distintos de los tributos y de los créditos de la Seguridad social —que la norma menciona expresamente—, que reúnan las condiciones expresadas en el artículo 5.2 LGP en cuanto a su titularidad y origen[8]. A modo de ejemplo, además de los citados, merecen esta consideración los créditos por retenciones tributarias y de la Seguridad social —que, como es sabido, se benefician de un privilegio general de mayor rango (art. 280.2º LC)—[9]; las multas impuestas por los distintos organismos públicos en el ámbito de su competencia —aunque tienen la consideración de subordinados en atención al principio de personalidad de las sanciones (art. 281.1.4º LC)—; los créditos derivados de las subvenciones otorgadas por un ente público que, por haber decaído los requisitos para su concesión, han de ser reintegradas [art. 38.1 de la ley 38/2003, de 17 de noviembre, general de subvenciones (en adelante, LGS)], o los resultantes de préstamos concedidos por el Centro para el Desarrollo Tecnológico Industrial (en adelante, CDTI) no reembolsables en más de un tercio, que tienen la condición de subvenciones [D.A. 26ª.2 a) LGS][10].

---

a la luz de la directiva 2019/1023", ADCo, nº 60, 2023, I (versión Proview).

8 STS (Sala 1ª) nº 472/2013, de 16 de julio (*Tol 3853463*), f.d. 4º.

9 La particularidad de estos créditos, en los que el deudor no actúa como contribuyente sino como "recaudador de impuestos", justifica que reciban un tratamiento especial. Así, tras la supresión de los privilegios de la Corona, el Reino Unido recuperó en 2020 el tratamiento privilegiado para estos. Al respecto, v. https://www.gov.uk/government/publications/hmrc-as-a-preferential-creditor/hmrc-as-a-preferential-creditor. Evidentemente, la AEAT exige el pago de estos créditos al retenedor en el ejercicio de su potestad tributaria.

10 Respecto del último caso, en el marco de la impugnación del auto de homologación de un plan de reestructuración, sin embargo, v. la SAP de Valencia (Sección 9ª) nº 86/2024, de 27 de marzo (Das Photonics, SL) (*Tol 9959368*), párrs. 130 y 133, que, a pesar de la literalidad de la norma, entendió que el límite es del 30% —cuando, en rigor, sería del 33,33%—. En consecuencia, consideró que el préstamo concedido por el CDTI en el ejercicio de su propia potestad

En la definición de lo que deba entenderse por crédito público cobra una particular importancia el concepto de *potestad administrativa*. A fin de cuentas, solo los créditos que derivan del ejercicio de esta merecen tal consideración (art. 5.2 LGP). De acuerdo con la doctrina más reciente en la materia, por potestades administrativas entendemos los *poderes jurídicos unilaterales otorgados por la ley para la satisfacción de intereses de carácter general, que producen efectos inmediatamente desde el momento de su ejercicio y que están sometidos a la ley y al control de los tribunales*[11]. No es necesario que exista una relación de sujeción o que se ejerza una actividad coercitiva, sino que basta con que se trate de una facultad especial —en el sentido de no común o no atribuida por el derecho privado— que la ley otorga a las administraciones o a sujetos privados con la finalidad y en los términos indicados[12]. Pues bien, siendo esto así, no tendrán la con-

---

de fomento, a interés cero y no reembolsable en un 33% constituía una subvención y su reembolso daba lugar a un crédito de derecho público.

11 Tomamos la definición de E. GAMERO, "Delimitación conceptual de la potestad administrativa", en E. GAMERO (dir.), *La potestad administrativa. Concepto y alcance práctico de un criterio clave para la aplicación del Derecho administrativo*, Tirant lo Blanch, Valencia, 2021, pp. 49-151, p. 73.

12 *Ibid.*, pp. 87-92. Esta comprensión amplia de las potestades administrativas, que transciende el ejercicio de *imperium* y de las funciones de autoridad, la encontramos también en F. VELASCO, "Aplicación de la Ley de Procedimiento Administrativo Común a sujetos privados", en M. AROSO DE ALMEIDA/M. MÍGUEZ MACHO (coords.), *Regimes Gerais do Procedimento e da Atividade Administrativa: XIV Colóquio Luso-Espanhol de Professores de Direito Administrativo*, Almedina, Coimbra, 2022, pp. 47-74, pp. 53-54 y 59, que las define como "facultades no comunes (especiales) de la Administración o de sujetos privados", siendo las facultades comunes aquellas que se atribuyen al común de los sujetos por el derecho privado. Conforme a esta definición, pueden ejercitar potestades administrativas las administraciones públicas, así como cualquier entidad del sector público empresarial y, entre ellas, las sociedades mercantiles. Además de Velasco, en las páginas citadas, v. GAMERO, *La potestad administrativa*, pp. 416-417. Acoge una definición parecida la SAP de Valencia nº 86/2024, párr. 57, donde las potestades administrativas se definen como "[...] poderes jurídicos reconocidos expresamente por

sideración de créditos públicos aquellos que, siendo de titularidad pública, deriven, sin embargo, del ejercicio de poderes o facultades comunes que el derecho privado reconozca a los sujetos. Este es el caso del derecho a obtener el reembolso de un préstamo y el pago de los intereses correspondientes (arts. 1753 y 1755 CC; arts. 312 I C de C), o del derecho a obtener el reembolso de las cantidades satisfechas como consecuencia de la ejecución de un aval (art. 1838 CC). Ello explica que, por ejemplo, no puedan considerarse créditos públicos los resultantes de los préstamos concedidos por el CDTI que sean reembolsables, o que no lo sean hasta en un tercio del importe del crédito [DD. AA. 6ª y 26ª.2 a) LGS][13]. Y tampoco merecen tal consideración los resultantes de préstamos devolutivos otorgados a particulares por las administraciones públicas, organismos y demás entidades de derecho público que no devenguen intereses o que devenguen un interés inferior al de mercado (v. D.A. 6ª LGS, que se refiere a los sujetos del artículo 3 de la ley)[14]. Todos estos préstamos constituyen una ayuda

---

el ordenamiento jurídico, que atribuyen a las Administraciones públicas, titulares de los mismos, una habilitación para desarrollar actuaciones ejecutivas específicas que produzcan efectos actuales o potenciales sobre los particulares y sus ámbitos de interés, en una esfera concreta y que tienen por objeto la satisfacción de intereses generales". Sin embargo, entiende que sólo pueden ser titulares de dichas potestades las administraciones públicas y otras entidades de naturaleza institucional como las universidades, y excluye a los sujetos de derecho privado (párr. 58). También, v. la SAP de Barcelona (Sección 15ª) nº 701/2024, de 9 de julio (J. Vilaseca), párr. 25.

13 El CDTI es una entidad pública empresarial dependiente del Ministerio de Ciencia, Innovación y Universidades que se encarga de promover la innovación y el desarrollo tecnológico de las empresas españolas (v. https://www.cdti.es/quienes-somos.). En su actuación se rige por el Real Decreto 1406/1986, de 6 de junio, por el que se aprueba el reglamento de dicho centro. En sus relaciones jurídicas externas, el CDTI actúa "[…] con sujeción al derecho privado y a los buenos usos comerciales" (art. 2 de dicho reglamento)..

14 A la vista de la D.A. 6ª LGS, los créditos resultantes de los contratos de préstamo concedidos por Ministerio de Economía, Industria y Competitividad en los que el CDTI sólo actúe como mero organismo intermedio, en nombre o bajo la autoridad de este, tampoco pueden considerarse créditos públicos. Como en el caso previsto en

pública que se concede en el ejercicio de la potestad administrativa de fomento, consistente en el otorgamiento de estímulos positivos y ventajas para el desarrollo de actividades que promueven el bienestar social[15]. En concreto, estos

---

la D.A. 26ª 2 a) LGS, que se remite precisamente a la D.A. 6ª de la misma ley, estos créditos quedan sujetos a su régimen específico, que viene determinado por lo dispuesto en el contrato, así como por las normas aplicables de derecho privado. Por lo tanto, no puede entenderse que nazcan de una potestad administrativa, sino, como expondremos en texto, de la facultad de reembolso que corresponde a todo prestamista conforme al derecho privado. Sin embargo, la SAP Valencia nº 86/2024, párrs. 118 a 120, los considera créditos públicos. También, v. la SAP Barcelona nº 701/2024, párrs. 32 y 33. Con anterioridad, en supuestos análogos, llegaron a la conclusión de que, como la relación negocial de la que nacía el crédito resultaba del ejercicio de una potestad de fomento, habían de considerarse créditos públicos, la SAP de Guadalajara (Sección 1ª), nº 259/2020, de 9 de octubre (*Tol 8232295*), f.d. 3º, y la SAP de Granada (Sección 3ª), nº 541/2021, de 16 de julio (*Tol 8644483*), f.d. 2º y 3º. Y ello, a pesar de que el crédito no nace de esa potestad administrativa, sino del contrato de préstamo y, en concreto, del derecho de reembolso que le corresponde al prestamista. Conforme a lo dispuesto en la D.A. 6ª LGS, este queda sometido a derecho privado.

15 Sobre la potestad de fomento v. STS (Sala 3ª) de 3 de diciembre de 1998 (Roj: 7249/1998; *Tol 1703810*), f.d. 3º, donde se define como aquella actividad por la que "[...] el Estado atiende, de manera directa e inmediata, a lograr el progreso y el bienestar social, mediante el otorgamiento de ventajas al sujeto fomentado que, como ocurre en el presente caso, pueden ser de contenido económico". En términos parecidos, v. STS (Sala 3ª) de 1 de junio de 2005 (Roj: 3530/2005; *Tol 668308*), f.d. 2º. En el ámbito de la investigación científica y técnica, la actividad de fomento se ejercita conforme a lo dispuesto en la Ley 14/2011, de la ciencia, la tecnología y la innovación, que está orientada a la realización de objetivos que promueven el bienestar social (arts. 1 y 2). En este ámbito, corresponde al CDTI "[p]romover la colaboración entre la industria y las Instituciones y Organismos de investigación y desarrollo tecnológico" (art. 3.3ª de su reglamento), "[p]articipar a riesgo y ventura o mediante créditos privilegiados en programas y proyectos de desarrollo tecnológico o de diseño industrial" (art. 3.4ª de su reglamento), y, en relación con el Plan nacional de Investigación Científica y Desarrollo Tecnológico "[...] b) [c]ontratar con las Universidades, Organismos públicos de investigación y Empresas la promoción de la explotación comercial de las tecnologías desarrolladas por ellas" (art. 3.8ª de su reglamento). A la vista de lo anterior, la SAP de Murcia (Sección 4ª)

responden a una técnica de fomento particular, distinta de las más conocida que es la subvención[16]. Y todos ellos quedan sujetos a su régimen específico que viene determinado por lo dispuesto en el contrato, así como por las normas de derecho privado aplicables a este [D.A. 6ª y 26ª.2 a) LGS]. Las disposiciones de la ley general de subvenciones sólo se aplican en defecto de norma específica y en la medida en que resulten "adecuadas", esto es, que sean compatibles

nº 444/2022, de 28 de abril (*Tol 9152886*), f.d. 2º, ap. 6 entiende que los préstamos concedidos por este centro son formalizados en el ejercicio de su potestad de fomento. Por el contrario, la SAP de Madrid (Sección 28ª) nº 577/2017, de 15 de diciembre (*Tol 6517121*), f.d. 3º considera que no ejercita potestad de fomento alguna. En la misma línea, la SJM nº 13 de Madrid, nº 44/2024, de 22 de mayo, f.d. 3º entiende que, al otorgar el préstamo, el CDTI no ejercita potestad administrativa alguna. Que, como se señala en esta última sentencia, a este centro no le corresponda la potestad de autotutela es irrelevante para entender que concediera el préstamo en ejercicio de una potestad administrativa —en este caso, la potestad de fomento—, puesto que aquella facultad es autónoma de esta y no un rasgo intrínseco de las potestades administrativas. Al respecto, v. GAMERO, *La potestad administrativa*, p. 90.

16 La técnica subvencional tiene en sí misma la condición de potestad administrativa y supone el poder atribuido por la ley de realizar entregas de fondos sin contraprestación directa de los beneficiarios que se vincula al cumplimiento de una finalidad determinada con el propósito de fomentar el desarrollo de actividades de interés público (art. 2.1 LGS). Respecto del concepto de subvención, v. G. FERNÁNDEZ FARRERES, "El concepto de subvención y los ámbitos objetivo y subjetivo de aplicación de la ley", en G. FERNÁNDEZ FARRERES (dir.), *Comentario a la Ley General de Subvenciones*, Thomson-Civitas, Madrid, 2005, pp. 29-63, pp. 30-37. Asimismo, con base en la D.A. 6ª LGS, explica que el carácter devolutivo de las distintas modalidades de préstamos públicos los excluye de la categoría de subvención, *ibid.* p. 39. Respecto de su condición de potestad administrativa, v. F. TOSCANO GIL, "Las potestades administrativas en el ámbito de las subvenciones", en E. GAMERO (dir.), *La potestad administrativa. Concepto y alcance práctico de un criterio clave para la aplicación del Derecho administrativo*, Tirant lo Blanch, Valencia, 2021, pp. 827-873, pp. 838-840. Como resulta de la D.A. 26ª.2 LGS, el CDTI también puede ejercitar su potestad de fomento concediendo subvenciones. Allí se dispone que los préstamos concedidos por el centro que no sean reembolsables en más de un tercio quedarán sujetos al régimen general aplicables a estas.

con la naturaleza del negocio[17]. Pues bien, tratándose de préstamos reembolsables —totalmente o, al menos, en sus dos terceras partes—, el derecho de crédito del que es titular el centro no surge de dicha potestad de fomento, sino del derecho o poder de obtener el reembolso de las cantidades entregadas que conforme al contrato corresponde a cualquier prestamista[18]. Y lo mismo ocurre en el caso de

---

17 A modo de ilustración, la D.A. 6ª establece que pueden ser de aplicación "[...] en particular, los principios generales, requisitos y obligaciones de beneficiarios y entidades colaboradoras, y procedimiento de concesión".

18 Intuyen esta idea las SSAP de Madrid nº 577/2017, f.d. 3º; Murcia nº 444/2022, f.d. 2º, ap. 6, y Tarragona (Sección 1ª) nº 572/2023, de 31 de octubre (*Tol 9848408*), f.d. 2º, ap. 2 y 3; SJM nº 1 de Gerona nº 58/2023, de 18 de mayo (*Tol 9655331*), f.d. 2º, y SJM Madrid nº 44/2024, f.d. 3º. Estas consideran que los créditos no pueden tener la condición de públicos al resultar de un contrato sometido a derecho privado que sólo podrán ejercitar conforme a esa regulación. En realidad, esto es la consecuencia —y no la razón— de que no se trate de un crédito público. Puesto que no se trata de un crédito público no puede valerse de las prerrogativas de las que gozan estos créditos para su ejercicio. Como hemos indicado, no son créditos públicos pues no derivan del ejercicio de una potestad administrativa, sino del propio contrato de préstamo que otorga al prestamista la facultad de obtener el reembolso de las cantidades prestadas. En cambio, la SAP de Coruña (Sección 4ª) nº 251/2015, de 22 de julio (*Tol 5429628*), entiende que, al haberse concedido la financiación en el ejercicio de la potestad de fomento, el crédito resultante de esta ha de considerarse necesariamente un crédito público (f.d. 4º). En la misma línea, v. la SAP Guadalajara nº 259/2020, f.d. 2º y la SJM nº 1 San Sebastián nº 71/2023 ("Transbiaga"), de 23 noviembre (JUR\2023\436952), f.d. 6º. Esta última sentencia se dicta en el marco de la oposición a la homologación de un plan de reestructuración. Para una primera crítica de la misma, v. J.C. GONZÁLEZ VÁZQUEZ, "Algunas consideraciones en torno a la SJMER nº 1 de San Sebastián de 23 de noviembre de 2023 (caso Transbiaga) I", disponible en https://es.linkedin.com/pulse/algunas-consideraciones-en-torno-la-sjmer-nº-1-de-san-josé-carlos-nioqf, entendiendo, sin embargo, que en la concesión de préstamos y avales por parte del Instituto Vasco de Finanzas no hay ejercicio de potestad administrativa alguna. Nótese que en la concesión del préstamo sí hay ejercicio de la potestad de fomento; donde no hay ejercicio de potestad administrativa es en el ejercicio de los derechos de crédito que resultan del préstamo.

préstamos concedidos a interés cero o por debajo del interés de mercado, en los que al crédito por el reembolso hay que añadir, en su caso, el que resulta del poder de exigir el pago de los intereses. El hecho de que el CDTI o la administración u organismos públicos que los concedan no actúen en condiciones de mercado no es relevante a los efectos de determinar si el crédito que corresponde a la entidad prestamista resulta del ejercicio de una potestad administrativa. Esta circunstancia no cambia el hecho de que el crédito tiene su origen en un contrato de derecho privado por el que se atribuye al prestamista la facultad de obtener el reembolso de las cantidades anticipadas y, en su caso, el abono de los intereses que correspondan. Es más, desde el punto de vista del derecho privado, no existe ninguna dificultad para que el préstamo se configure como gratuito y que sólo otorgue al prestamista el derecho a obtener el reembolso del importe de lo prestado (art. 1740 II CC). Por lo tanto, que el préstamo se otorgue a interés cero no puede constituir un argumento para entender que estemos ante un derecho de crédito que, por resultar de una actividad que no se realiza en condiciones de mercado, haya de considerase crédito público[19]. Las consecuen-

---

[19] Llega a la misma conclusión señalando la irrelevancia de que la concesión del préstamo a interés cero fuera incompatible con la obtención de otras ayudas públicas, la SAP Murcia nº 444/2022, f.d. 2º, ap. 6. Sin embargo, v. la SJM San Sebastián nº 71/2023, f.d. 6º. En ella, se han considerado créditos públicos los correspondientes al reembolso de los préstamos concedidos por el Instituto Vasco de Finanzas que, como el CDTI, "[...] somete su actividad en las relaciones externas, con carácter general, a las normas de Derecho civil, mercantil y laboral que le sean aplicables" (art. 1.2 de su reglamento). Se entiende que el interés al que se sujetan estos préstamos es un interés subvencionado porque es inferior al de mercado, y que, en consecuencia, el crédito resultante deriva del ejercicio de una potestad administrativa. El problema de este argumento es que tanto el crédito por el reembolso del préstamo como por el interés que devenga no nacen de dicha potestad, sino del contrato de préstamo que, de acuerdo con el reglamento del instituto, queda sometido a derecho privado y, más concretamente, de los derechos que este reconoce al prestamista. Por lo demás, que el préstamo se conceda a interés cero no supone necesariamente que sea subvencionado.

cias que circunstancias como esta puedan tener en otros ámbitos —p.ej., en materia de ayudas de Estado— resultan irrelevantes respecto de la clasificación que merezcan estos créditos[20].

> En efecto, imaginemos por un momento que la Comisión europea entendiera que el préstamo en cuestión constituye una ayuda de Estado que no es compatible con el mercado interior. De haberse ejecutado en violación de la cláusula de *standstill* (art. 108.3, última frase TFUE), la Comisión podría ordenar su recuperación si, por ejemplo, entendiera que, en las circunstancias del caso, ningún operador privado hubiera concedido un préstamo a esa empresa y, por ello, hubiera obtenido una ventaja injustificada en el mercado frente a las demás. Entonces, la orden de recuperación conduciría al reintegro del préstamo, pero no como consecuencia de la facultad ordinaria que corresponde a cualquier prestamista de exigir reembolso de las cantidades prestadas en los plazos estipulados, sino a resultas del ejercicio de la potestad extraordinaria de recuperación de las ayudas de Estado que la ley atribuye a la administración [arts. 37.1 h) y 38 LGS, aplicables en virtud de las D.A. 6ª y 26ª.2 de la misma norma][21]. Pues bien, este crédito es distinto del crédito por el reembolso del préstamo y sí resulta del ejercicio de una potestad administrativa —la potestad de reintegro—, razón por la cual debe recibir la consideración

---

Habrá subvención cuando la administración pública se obligue al pago total o parcial de los intereses pactados. Explica la diferencia entre los dos supuestos, FERNÁNDEZ FARRERES, *Comentarios LGS*, pp. 39-40.

20 Sin embargo, la SAP Coruña nº 251/2015 y la SAP Granada nº 541/2021, f.d. 2º invocan su condición de ayuda pública para fundamentar la consideración de crédito público.

21 Respecto de cómo ha de llevarse a cabo ese reintegro, v. G. FERNÁNDEZ FARRERES, "El régimen de las ayudas de estado y su impacto en el derecho español", *Revista de Administración Pública*, nº 200, 2016, pp. 231-250, p. 244, donde expone que la decisión comunitaria firme que declare la incompatibilidad de la ayuda pública y ordene su recuperación basta para que la administración correspondiente pueda exigir el reintegro de la misma. Tratándose de medidas de ayuda que no puedan considerarse subvenciones, entiende que este régimen resulta igualmente aplicable, *ibid.*, p. 245.

de crédito público (art. 38.1 LGS)[22]. Y siendo un crédito distinto del reembolso, no puede extenderse a este la calificación del primero.

Como se puede observar, en todos estos casos, estamos ante *créditos que nacen de una actividad de financiación desarrollada por distintos organismos públicos que es análoga a la que desarrollan los financiadores privados* y que, por lo tanto, no deben beneficiarse del tratamiento particular que se reserva al crédito público. Y ello con independencia de que se realice o no en condiciones de mercado. Como hemos puesto de manifiesto, lo que importa es que los créditos deriven de derechos "comunes" del prestamista y no de potestades administrativas[23].

Como hemos visto, las audiencias están divididas en cuanto a la consideración que merecen los créditos del CDTI. En la clasificación de estos como créditos públicos ha jugado un papel fundamental la sentencia del Tribunal Supremo de 2013, antes mencionada. Esta entendió que los créditos resultantes de unos préstamos reembolsables otorgados por los Ministerios de Industria y de Ciencia e Innovación en el marco de la Orden ITC/1014/2005, de 12 de abril, por la que se establecían las bases reguladoras de la concesión de ayudas para actuaciones de reindustrialización, derivaban del ejercicio de una potestad administrativa y, por lo tanto, debían calificarse como créditos públicos[24]. Y ello, a pesar de que no resultaban de subvenciones, sino de

---

22 Sobre la potestad administrativa de reintegro, v. TOSCANO GIL, *La potestad administrativa*, pp. 859-861. Así lo ha entendido el Tribunal Supremo en la STS (Sala 1ª) nº 645/2018, de 20 de noviembre, f.d. 1º.

23 Considera, sin embargo, que constituye un criterio relevante para determinar si procede el reconocimiento de la condición de crédito público y los privilegios que lo acompañan que la financiación haya sido otorgada en condiciones de mercado, C. LADÓ CASTRO-RIAL, "Créditos públicos en preconcurso: algunas cuestiones controvertidas en la práctica jurisprudencial reciente", I&R, nº 13, 2024, pp. 135-154, pp. 153-154.

24 STS nº 472/2013 (*Tol 3853463*), f.d. 4º.

préstamos reembolsables[25]. De nuevo, los derechos de crédito que, en ese caso, titulaban dichos ministerios no resultaban del ejercicio de una potestad administrativa, sino de la facultad que corresponde a cualquier prestamista de exigir el reembolso del préstamo. Esta conclusión no resulta desvirtuada por el hecho de que, como apuntaba el alto tribunal, el artículo 38.1 LGS califique las cantidades a recobrar como ingresos de derecho público y remita para su cobranza a lo previsto en la Ley General Presupuestaria. La facultad que la ley reconoce a los poderes públicos en dicho precepto es la de obtener el reintegro de las subvenciones cuando se produce alguno de los supuestos contemplados en la ley. Estos son, por una parte, la declaración de nulidad o la anulación de la resolución de concesión (art. 36.4 LGS), y por otra, el incumplimiento de las obligaciones y cargas impuestas al beneficiario —que, a grandes rasgos, subyace a las causas de reintegro previstas en la ley (art. 37 LGS)— que impide la consecución del objetivo de la subvención y deja sin causa a la entrega de fondos[26]. Tratándose de un préstamo reembolsable, la recuperación de las cantidades prestadas no se vincula al ejercicio de esa facultad de reintegro, sino a los derechos que el contrato de préstamo atribuye al prestamista. Dicho esto, lo cierto es que la orden por la que se regulaban dichas ayudas calificaba los créditos por el reembolso de los préstamos de "deudas no tributarias de derecho público" o, lo que es lo mismo, de créditos públicos (art. 18.3). A nuestro juicio, y a la vista de las razones que acabamos de exponer, esa calificación no estaba justificada.

---

25 Sobre las distintas modalidades de ayuda previstas, v. el artículo 7 de la Orden ITC/1014/2005, donde se distinguía entre subvenciones y préstamos reembolsables.

26 Respecto del sentido general de las causas de reintegro previstas en el artículo 37 LGS como incumplimientos de dichas obligaciones y cargas, v. TOSCANO GIL, *La potestad administrativa*, p. 860. Asimismo, FERNÁNDEZ FARRERES, *Comentario LGS*, pp. 35-36 explica que siendo la subvención una entrega de dinero afectada a una determinada finalidad, esta conlleva una serie de cargas y obligaciones para el beneficiario que si se incumplen obligan al reintegro de la misma.

Otro grupo de casos en los que el derecho de crédito de una entidad pública no puede ser calificado de crédito público es el de los créditos resultantes de la remuneración de servicios públicos de carácter coactivo por ser indispensable el servicio que remuneran o constituir un monopolio del ente titular —como es, por ejemplo, el caso de la distribución o suministro de agua corriente—. Con relación a estos servicios la administración —normalmente, la local— ejercita la *potestad tarifaria* consistente en *intervenir en la determinación del precio de los servicios prestados* estableciendo una tarifa o "precio privado". Ahora bien, dichos servicios son prestados por un tercero —el prestador de servicios—, que puede ser una entidad de derecho privado de capital público y esta celebra un contrato de derecho privado con el usuario final del que nacen los derechos de crédito por los servicios prestados[27]. Esos créditos no resultan del ejercicio de la potestad tarifaria, sino del contrato y, en concreto, del derecho a exigir el precio que en virtud de este corresponde al prestador de servicios. De nuevo, se trata de una facultad común de cualquier proveedor de servicios que no puede calificarse de potestad administrativa[28]. El hecho de que se califiquen de prestaciones patrimoniales

---

27 C. PALAO TABOADA, "Prestaciones patrimoniales de carácter público", *Revista de Contabilidad y Tributación*, nº 481, 2023, pp. 5-58, pp. 17-18. Respecto del contrato, *ibid.*, p. 17, nota nº 12.

28 Se explica así que, de acuerdo con el artículo 4 de la Ordenanza reguladora de las tarifas por prestación de los servicios de abastecimiento domiciliario de agua, alcantarillado y saneamiento y demás servicios y actividades prestados en relación con el ciclo integral del agua en el municipio de Murcia se disponga que "[l]as tarifas y otros derechos económicos que debe percibir EMUASA por la prestación de los servicios, tienen naturaleza de *ingreso no tributario*. Por este motivo *queda expresamente excluida la aplicación de la normativa tributaria con respecto a la gestión, facturación, cobro y reclamación* de los mencionados ingresos" (énfasis añadido). Sin embargo, en el Auto nº 250/2024 del Juzgado de lo Mercantil nº 1 de Murcia, de 2 de mayo (*Tol 9999218*), por el que se homologa el plan de reestructuración del Real Murcia Club de Fútbol se consideraron créditos públicos los créditos de la empresa municipal murciana de agua (EMUASA) resultantes de este suministro y se les reconoció, en consecuencia, un privilegio general (art. 280.4º LC).

de carácter público no tributarias no afecta a esta conclusión. Como se ha explicado en la doctrina, este concepto no designa un determinado tipo prestación, ni consiste en un tipo especial de ingreso público, sino que tiene como sola función definir el ámbito de la reserva de ley que establece el artículo 31.3 CE[29].

> Recientemente, en el marco de un plan de reestructuración se ha entendido que no tienen la consideración de créditos públicos por no derivar del ejercicio de una potestad administrativa los correspondientes al canon adeudado a la Universidad Politécnica de Valencia por la sociedad deudora como consecuencia de la cesión exclusiva del uso de espacios e instalaciones, así como el derecho de crédito del que es titular esta misma universidad frente a la deudora por la parte que le corresponde en la subvención concedida por la Unión europea en el marco de dos proyectos de I+D en el que ambas participaban junto con otras instituciones y que la deudora recibió como líder del proyecto[30]. Como en los casos anteriores, la clave aquí reside en determinar si la facultad de exigir el pago del canon o de recibir la parte que le corresponde de la subvención deriva del derecho o poder "común" que le correspondería a un arrendatario o al titular de una parte de los fondos o si es el resultado del ejercicio de alguna potestad administrativa[31].

Por fin, también tienen su origen en los derechos comunes que se reconocen al Fondo de apoyo a la solvencia de empresas estratégicas por su participación en negocios de derecho privado los créditos por el reembolso de los

---

29 Para una esclarecedora explicación de este controvertido concepto, v. PALAO, *Revista de Contabilidad y Tributación*, 481 (2023), pp. 10-11.

30 SAP Valencia nº 86/2024, párrs. 53, 63-68 y 69-79.

31 En cuanto al derecho a recibir la parte correspondiente a la subvención concedida por la Unión europea, la sentencia entendió que, en realidad, se trataba de un crédito resultante de un contrato con una finalidad análoga a la del préstamo dado que la universidad no reclamó la parte de los fondos que le correspondía y ni contemplaba hacerlo mientras estuviera vigente el plan de reestructuración. Así, SAP Valencia nº 86/2024, párrs. 75-78.

préstamos concedidos a dichas empresas, así como por los intereses devengados por dichos préstamos, o los créditos por los dividendos que generen las acciones suscritas por el Fondo. A pesar de ello, el Real Decreto-Ley 25/2020, de 3 de julio, de medidas urgentes para apoyar la reactivación económica y el empleo, les reconoció la condición de ingresos de derecho público a los efectos de aplicarles para su cobro el régimen previsto en la Ley General Presupuestaria (art. 2.3). Entre otras cosas, esto le permite, en principio, beneficiarse de las prerrogativas del crédito público (art. 10 LGP)[32]. La misma consideración de créditos de derecho común merecen los créditos por el reembolso de préstamos, intereses, plusvalías y cualquier otra remuneración que corresponda al Fondo de recapitalización de las empresas afectadas por el COVID y gestionado por COFIDES (art. 17.3 Real Decreto-ley 5/2021). Respecto de estos créditos, la norma tan solo dispone que dichas remuneraciones se integrarán en el Tesoro Público sin hacer ninguna referencia -a diferencia de lo que sucede en el caso del Fondo de apoyo a la solvencia de empresas estratégicas- a la aplicación de la Ley General Presupuestaria y de las prerrogativas que esta establece para el cobro de los créditos públicos.

> Por la misma razón, tampoco deben ser considerados créditos de derecho público los créditos por responsabilidad civil extracontractual derivados de los delitos cometidos contra la Hacienda Pública. Precisamente, porque no son créditos de derecho público fue pre-

---

32 Para una crítica de esta solución, nos permitimos remitir a N. BERMEJO, "El apoyo público a la solvencia empresarial y el privilegio del crédito público (o lo que cabe esperar de este privilegio)", ADCo, nº 52, 2021, pp. 271-282, donde se ponía de manifiesto que el fondo actuaba como un inversor privado. Además, en ese trabajo se señala que la aplicación del privilegio no resulta posible en aquellos supuestos en los que la financiación se articule como un préstamo participativo y los créditos resultantes tuvieran la condición de subordinados. En aplicación del artículo 302.1 LC, debe cancelarse cualquier garantía de la que puedan beneficiarse los créditos subordinados lo que lleva a entender que el privilegio del que pudiera beneficiarse queda, en tal caso, neutralizado.

ciso reconocerles un privilegio general distinto del previsto en el artículo 280.4º LC que se atribuye a los demás créditos de derecho público que no cuentan con un privilegio especial o que no son retenciones (art. 280.2º LC)[33]. Ahora bien, por su naturaleza, estos créditos no pueden quedar afectados por la reestructuración (art. 616.2 LC) y tratándose de créditos de derecho privado, no se benefician de las prerrogativas y privilegios característicos de los créditos públicos (art. 19.1 LGP). Sólo como consecuencia de una disposición *ad hoc* (D.A. 10ª.1 LGT), resulta aplicable el procedimiento administrativo de apremio al cobro para su realización.

2.2. CRÉDITOS PÚBLICOS ESTATALES, AUTONÓMICOS Y LOCALES

Los "créditos públicos" no se limitan a los estatales, sino que comprenden también los derechos de crédito de las Comunidades Autónomas y de las Haciendas locales que deriven del ejercicio de sus potestades administrativas[34]. En un Estado descentralizado como el nuestro *no hay razones para limitar el concepto de crédito público a aquellos derechos de crédito que sean de titularidad estatal.* Entender lo contrario supondría incurrir en una grave contradicción valoración,

---

33 Este crédito ya estaba incluido en el viejo artículo 91 LC, junto a los créditos por responsabilidad civil extracontractual ordinarios. En Ley 16/2022 se introducen "las liquidaciones vinculadas a delito contra la Hacienda Pública reguladas en el Título VI de la Ley 58/2003, de 17 de diciembre, General Tributaria", entre los créditos que pueden beneficiarse del privilegio general del artículo 280.5º LC. Estos créditos son claramente distintos de los créditos por responsabilidad extracontractual que inicialmente recogía este precepto.

34 Así lo ha reconocido el Tribunal Supremo (Sala 1ª) en la sentencia nº 296/2018, de 23 de mayo (*Tol 6621362*), f.d. 2º. En la doctrina, ya lo apuntaba en los primeros comentarios a la ley concursal J.M. GARRIDO, "Comentario del artículo 91 LC", en A. ROJO/E. BELTRÁN (dirs.), *Comentario de la Ley concursal*, t. I, Civitas, Madrid, 2004, pp. 1635-1657, p. 1648. Recientemente, haciéndose eco de la sentencia v. GALLEGO CÓRCOLES, ADCo, 60 (2023), I.

al dejar fuera de esta categoría a derechos de crédito que son materialmente equivalentes a los que quedan incluidos en la misma por el solo hecho de ser titulados por una administración autonómica o local. Entre esos créditos se encuentran *los tributos locales* [art. 2.1 b) TRLRHL], los *tributos propios de las Comunidades Autónomas*, de acuerdo con lo dispuesto en las correspondientes leyes autonómicas, los *tributos cedidos* —particularmente, cuando el sujeto activo del impuesto y, en definitiva, el "acreedor" del mismo sea la Comunidad Autónoma— [art. 157.1 CE y art. 4.1 b) y c) LOFCA], y *otras prestaciones patrimoniales de carácter público que deriven de potestades administrativas* [por ejemplo, v. art. 4.1 h) LOFCA y art. 2.1 g) y h) TRLRHL][35]. Esto es así con independencia de que una particular norma estatal les reconozca tal condición[36]. Como acabamos de ver, la con-

---

35 Para la definición de los recursos de las haciendas autonómicas, a modo de ejemplo, v. el artículo 23 de la Ley 9/1990, de 8 de noviembre, reguladora de la Hacienda de la Comunidad de Madrid; el artículo 14 del Decreto Legislativo 1/1999, de 7 de octubre, por el que se aprueba el Texto Refundido de la Ley de Régimen Financiero y Presupuestario de Galicia; el artículo 32 del Decreto Legislativo 1/1997, de 11 de noviembre, por el que se aprueba el Texto Refundido de la Ley de Principios Ordenadores de la Hacienda General del País Vasco; el artículo 16 del Decreto Legislativo 1/2010, de 2 de marzo, por el que se aprueba el Texto Refundido de la Ley General de la Hacienda Pública de la Junta de Andalucía; o los artículos 13 y 14 de la Ley 5/2007, de 19 de abril, General de Hacienda Pública de Extremadura. Respecto del carácter de crédito público resultante de la obligación de devolver una subvención acordada por la Junta de Andalucía a favor del concursado, v. el asunto examinado en la STS nº 645/2018, f.d. 1º.

36 Sin embargo, GARCÍA-CRUCES, *De Iure Mercatus*, pp. 4260-4262, entiende que dada la competencia exclusiva del Estado en materia de legislación mercantil y procesal (art. 149.1.6 CE), es necesario que una norma estatal les atribuya la condición de créditos públicos a efectos concursales. En el caso de los tributos propios de las Comunidades Autónomas, esta se encontraría en las disposiciones de los Estatutos de Autonomía que establecen la regla de equivalencia de trato entre los tributos estatales y los autonómicos; *ibid.*, pp. 4262-4265. A nuestro juicio, como hemos indicado, bastará con que los créditos autonómicos y locales satisfagan los requisitos del artículo 5.2 LGP, que son los que se toman como referencia para integrar el concepto de "crédito público" utilizado en la Ley concursal.

dición de "crédito público" a efectos concursales viene determinada por la concurrencia de las notas establecidas en la regulación de la hacienda pública en cuanto a la titularidad de los créditos —corresponden a una administración u organismo público—, y a su origen —derivan del ejercicio de potestades administrativas— [v., por ejemplo, art. 31.2 de Decreto Legislativo 1/1997, de 11 de noviembre, por el que se aprueba el Texto Refundido de la Ley de Principios Ordenadores de la Hacienda General del País Vasco]. Pues bien, en la medida en que dichas notas sean predicables de los derechos de créditos de las entidades locales y de las Comunidades autónomas también ellos habrán de recibir la consideración de créditos públicos.

> Distinto significado tiene la equiparación que la ley concursal establece entre las "Haciendas forales de los territorios forales" y la Agencia Estatal de Administración Tributaria (D.A. 1ª LC). Como es sabido, los territorios forales tienen reconocido el poder de mantener, establecer y regular un sistema tributario propio, para lo cual se asignan competencias normativas y de recaudación a las Juntas y a las Diputaciones forales (en el caso de Álava, Vizcaya y Guipúzcoa) y a la Comunidad Foral (en el caso de Navarra)[37]. Esta circunstan-

---

37 Sobre el particular, v. el artículo 1 de la Ley 12/2002, de 23 de mayo, por la que se aprueba el Concierto Económico con la Comunidad Autónoma del País Vasco y su Exposición de motivos: "En cumplimiento del mandato constitucional referido [D.A. 1ª CE], el Estatuto de Autonomía para el País Vasco aprobado por Ley Orgánica 3/1979, de 18 de diciembre, establece el principio esencial en esta materia, conforme al cual las instituciones competentes de los territorios históricos del País Vasco pueden mantener, establecer y regular su propio sistema tributario". Idéntica potestad se reconoce a la Comunidad Foral de Navarra en su convenio económico con el Estado (art. 1 de la Ley 28/1990, de 26 de diciembre, por la que se aprueba el Convenio Económico entre el Estado y la Comunidad Foral de Navarra). Respecto del funcionamiento de las haciendas forales de los territorios históricos —aunque centrado fundamentalmente en las haciendas forales vascas—, nos remitimos al esclarecedor trabajo de F. DE LA HUCHA CELADOR, "La cuestión competencial interna en materia de Hacienda: instituciones generales y territoriales", *Iura Vasconie*, nº 16, 2019, pp. 413-449, pp. 417-419, 425-426 y 442. Para un breve apunte al hilo de esta disposición, v.

cia explica que el legislador sintiera la necesidad de aclarar que, en sede de concurso y preconcurso, las haciendas forales se equiparan a la Agencia Estatal en lo que se refiere a la gestión de dicho sistema —p.ej., a efectos de comunicación de la declaración de concurso a los organismos públicos (art. 253.1 LC); de la aplicación del régimen de la exoneración del pasivo insatisfecho (arts. 487.1 y 489.1.5º LC); de la emisión de certificaciones (arts. 586.1.10º, 616.1, 633.12ª y 643.3 LC); de la comunicación de datos (art. 698 LC), de la comunicación del plan de continuación (art. 691 bis LC), o de la presunción de voto a favor del plan de continuación (art. 698.11 LC)—. Aunque nada disponga la ley, a una solución análoga hay que llegar en el caso de las agencias tributarias autonómicas de régimen común y locales, así como de otros organismos públicos que no tengan suscrito un convenio de colaboración con la Agencia Estatal de Administración Tributaria para la recaudación de los créditos de naturaleza pública de los que sean titulares. Quizás, el hecho de que buena parte de estas entidades hayan suscrito tales convenios explique el silencio del legislador en este punto[38]. Sin embargo, ello no ha de ser un obstáculo para que, cuando no los hayan suscrito, sean dichas agencias u organismos los que hayan de ser tomados en consideración a los efectos indicados. A fin de cuentas, al referirse a las haciendas forales el

---

C. LADÓ CASTRO-RIAL, "Comentario de la Disposición Adicional Primera TRLC", en J. PULGAR (dir.), *Comentario a la Ley Concursal*, t. II, 3ª edición, La Ley, Madrid, 2023, pp. 2056-2058, pp. 2056-2057.

38 Una relación de las comunidades autónomas que tienen suscrito convenio de colaboración con la AEAT en materia de recaudación ejecutiva de ingresos de derecho público se encuentra disponible en https://www.agenciatributaria.es/AEAT.fisterritorial/Inicio/_menu_/Fiscalidad_Autonomica/Regimen_Comun/Colaboracion_Agencia_Tributaria___Comunidades_Autonomas/Nuevo_convenio_marco_en_materia_de_recaudacion_ejecutiva/Nuevo_convenio_marco_en_materia_de_recaudacion_ejecutiva.html. Y por lo que se refiere a las entidades locales, v. https://sede.agenciatributaria.gob.es/Sede/colaborar-agencia-tributaria/colaboracion-administraciones-publicas/informacion-finalidades-no-tributarias/convenios-entidades-locales/relacion-entidades-locales-adheridas/madrid.html.

legislador solo ha contemplado los supuestos que previsiblemente serán más habituales en el tráfico.

Dicho todo lo anterior, lo cierto es que se ha reconocido la condición de créditos públicos a derechos de crédito que, a pesar de ser titulados por entes públicos autonómicos, no derivan del ejercicio de potestades administrativas. Así sucedió en el caso examinado por la sentencia del Tribunal Supremo de 23 de mayo de 2018, donde se calificó como crédito de derecho público a los créditos resultantes de la ejecución de un aval prestado por gobierno vasco a la sociedad concursada[39]. Para llegar a tal conclusión, el tribunal se apoyó en la consideración de derechos de la Hacienda del País Vasco y, más concretamente, de "ingresos de derecho público" de "[l]os importes a percibir por la Administración de la Comunidad Autónoma, sus organismos autónomos o entes públicos de derecho privado en virtud de contratos referentes a préstamos y garantías concedidos por dichas entidades a otras personas públicas o privadas con fines de fomento o interés público" [art. 32 l) de la Ley de la Hacienda General del País Vasco]. Sin embargo, como ya hemos indicado, el poder de exigir el reembolso de las cantidades satisfechas en concepto de aval no resulta del ejercicio potestad administrativa alguna —o, empleando la terminología del art. 31.2 de la Ley de la Hacienda General del País Vasco, no pertenece al gobierno vasco como consecuencia de una relación jurídica en la que este se encuentra en tanto que titular de una potestad administrativa—. La potestad administrativa se ejerció en el momento de la concesión del aval y, desde entonces, el instituto ejercita los poderes o facultades que le corresponden en virtud del negocio de derecho privado que es ese aval. El crédito pertenece al gobierno como consecuencia del derecho de reembolso que en virtud de dicho negocio jurídico le corresponde como a cualquier garante (art. 1838 CC). Siendo esto así es más que cuestionable la cali-

39 STS (Sala 1ª) nº 296/2018, f.d. 2, ap. 3-4.

ficación legal de estos derechos como "ingresos públicos" [art. 32. l)] y, sobre todo, la subsiguiente consideración como "créditos públicos" a efectos del concurso y preconcurso. Es más, mantener esta consideración una vez que los créditos análogos resultantes de los avales gestionados por el ICO en el ámbito estatal ya no la reciben (v. *infra* § 3), introduce una importante contradicción de valoración en el sistema. De ahí que, a pesar de su calificación como ingresos de derecho público, haya que entender que estos no pueden beneficiarse de la consideración de créditos públicos a los efectos del concurso y preconcurso al no cumplir los requisitos mencionados de titularidad y origen y, en especial, al no derivar del ejercicio de potestades administrativas.

Tampoco pueden considerarse créditos públicos los resultantes de los préstamos concedidos por el Instituto Vasco de Finanzas a interés subvencionado. Como ya hemos explicado, el derecho a obtener el reembolso del préstamo y el pago del interés que devenga no nacen de la potestad administrativa de fomento, sino del contrato de préstamo celebrado con la deudora —que, de acuerdo con el reglamento del instituto, queda sometido a derecho privado (art. 1.3 de la Ley 19/2023, de 21 de diciembre, Reguladora del Instituto Vasco de Finanzas)— y, en concreto, de las facultades que dicho contrato reconoce al instituto y que son las que corresponden a cualquier prestamista[40]. El hecho de que la financiación se conceda a un interés bonificado no cambia el carácter común de las facultades de las que resultan los créditos que corresponden a dicho instituto. En consecuencia, no cabe considerarlos créditos públicos[41].

---

40 V. *supra* § 2.1 y notas nº 18 y 19.

41 Sin embargo, v. SJM San Sebastián nº 71/2023, f.d. 6º.

2.3. LAS PRERROGATIVAS Y PRIVILEGIOS DEL CRÉDITO PÚBLICO

A diferencia de lo que sucede con los derechos de naturaleza privada, las administraciones y organismos públicos realizan sus derechos de crédito de naturaleza pública investidos de *facultades exorbitantes*. En efecto, es característico de estos derechos de crédito que se beneficien de las prerrogativas y privilegios que se les reconoce en la ley (v. art. 10.1 LGP, respecto de la Hacienda Pública estatal, que remite a lo dispuesto en la Ley General Tributaria y en el Reglamento General de Recaudación; art. 18.1 LGP, que extiende a la gestión de los ingresos correspondientes a las entidades del sector público estatal que no formen parte de la Hacienda Pública estatal lo dispuesto para los créditos de esta, sin perjuicio de las especialidades propias de estas entidades y de sus ingresos, y art. 18.2 LGP, respecto de la Seguridad social, que remite a su propia regulación y supletoriamente a lo dispuesto en esa ley). Básicamente, se trata de la realización de los créditos a través del procedimiento administrativo de apremio (art. 163 LGT) —que es una manifestación de la facultad de autotutela de la administración en su dimensión ejecutiva[42]—, así como de las garantías que se establecen en la ley para asegurar su pago y que en el concurso se definen en los términos previstos en la ley concursal (art. 77.2 LGT). Lo mismo hay que entender que sucede en las reestructuraciones, al tomarse en estas como referencia el orden de prelación establecido en sede de concurso (p.ej., v. art. 623.2 LC). En el caso de los créditos públicos autonómicos y locales, es la normativa propia la que determina cuáles son esas prerrogativas y privilegios, pero, por lo general, dicha normativa les extiende los propios de la Hacienda pública estatal.

---

42 STS (Sala 3ª) de 12 de marzo de 2015 (Roj: STS 1204/2015; *Tol 4799310*, f.d. 3º.

Así, en el ámbito local, el artículo 2.2 TRLRHL dispone que "[p]ara la cobranza de los tributos y de las cantidades que como ingresos de derecho público, tales como prestaciones patrimoniales de carácter público no tributarias, precios públicos, y multas y sanciones pecuniarias, debe percibir la Hacienda de las entidades locales de conformidad con lo previsto en el apartado anterior, dicha Hacienda ostentará las prerrogativas establecidas legalmente para la Hacienda del Estado [...]". Ahora bien, que esto sea así no significa que cualquier prestación patrimonial de carácter público no tributaria deba beneficiarse automáticamente de dichas prerrogativas. La calificación de prestación patrimonial de carácter público no designa una clase determinada de prestación, sino que se limita a definir el ámbito de la reserva de ley del artículo 31.3 CE)[43]. Entonces, de acuerdo con el artículo 2.2 TRLRHL, sólo podrán beneficiarse de dichas prerrogativas las prestaciones patrimoniales de carácter público en la medida en que materialmente puedan calificarse de ingresos de derecho público. Pues bien, las tarifas por servicios públicos, a pesar de ser consideradas prestaciones patrimoniales de carácter público no tributarias, no constituyen ingresos de derecho público, sino ingresos del prestador de servicios, esto es, del concesionario del servicio o de la empresa privada de titularidad pública, que se integran en su patrimonio. Por lo tanto, no pueden considerarse ingresos públicos a los efectos de beneficiarse de tales prerrogativas[44].

En el ámbito autonómico, debemos acudir a las leyes reguladoras de las haciendas autonómicas para encontrar las disposiciones que extienden tales prerrogativas y garantías a los créditos de derecho público. A modo de ejemplo, el artículo 28.3 de la Ley 9/1990, de 8 de noviembre, reguladora de la Hacienda de la Co-

43 PALAO, *Revista de Contabilidad y Tributación*, 481 (2023), pp. 10-11, nota nº 2.

44 Con carácter general, entiende que las prestaciones patrimoniales de carácter público no son un tipo especial de ingresos públicos, *ibid*, p. 11. Asimismo, sobre la percepción de la remuneración por los servicios prestados directamente por el prestador —y no por la entidad local— y su ingreso en el patrimonio de este —y no en la hacienda local—, *ibid.*, p. 17, nota nº 12 y la doctrina allí citada.

> munidad de Madrid, establece que "[p]ara realizar el cobro de los tributos y de las cuantías que como ingresos de derecho público debe percibir, la Hacienda de la Comunidad ostentará las prerrogativas establecidas legalmente" y a continuación dispone que para el cobro de los tributos y otros ingresos de derecho público "la Hacienda de la Comunidad de Madrid gozará, entre otras, de las prerrogativas reconocidas a la Hacienda Pública en la Ley General Tributaria". En la misma línea, el artículo 19 del Texto Refundido de la Ley de Régimen Financiero y Presupuestario de Galicia, establece que para el cobro de los tributos y demás recursos de derecho público las facultades y garantías que corresponden a los recursos de la Hacienda gallega son las mismas que las que le corresponden a "las demás Administraciones Públicas de ámbito estatal o territorial". Lo mismo sucede con el artículo 56.1 de la Texto Refundido de la Ley de Principios Ordenadores de la Hacienda General del País Vasco, donde se ordena que "[l]a Administración de la Comunidad Autónoma de Euskadi y sus organismos autónomos gozarán, respecto a la efectividad de sus derechos, del mismo derecho de prelación que el ordenamiento jurídico tenga establecido para la Administración del Estado y sus organismos autónomos". También el artículo 7.2 de la Ley General de la Hacienda Pública de la Junta de Andalucía prevé que esta "[...] gozará del mismo tratamiento que la ley establece para el Estado, tanto en sus prerrogativas como en sus beneficios fiscales", y el artículo 20 de la Ley General de la Hacienda Pública de Extremadura dispone que "[a] los fines previstos en el apartado anterior, la Hacienda Pública de Extremadura gozará de las prerrogativas, facultades y garantías previstas en la Ley General Tributaria".

Son, precisamente, esas prerrogativas y privilegios los que están en la raíz del tratamiento especial que se reserva a estos créditos en sede concursal y preconcursal. Cuestión distinta es que, en el caso de las reestructuraciones, este tratamiento sea compatible con las disposiciones de la directiva.

§3. Los derechos de crédito derivados de los avales gestionados por el ICO

3.1. LA EXCLUSIÓN DE LA CATEGORÍA DE "CRÉDITO PÚBLICO"

Se han suscitado dudas respecto de la consideración de "crédito público" de los derechos de crédito resultantes de los avales gestionados por el Instituto de Crédito Oficial (ICO), concedidos en respuesta a la pandemia de COVID-19, así como a las consecuencias económicas y sociales de la guerra en Ucrania[45]. Aunque estos avales son garantías concedidas por el Ministerio de Asuntos Económicos y de Transformación Digital —que, sin duda, forma parte de la Administración del Estado—, los derechos de crédito que resulten de los mismos no pueden ser considerados créditos públicos por dos razones. *La primera* es que, a pesar de ser créditos de titularidad pública, *no nacen del ejercicio de potestades administrativas*, sino de un negocio jurídico de derecho privado —el aval— que garantiza la satisfacción de determinados créditos[46]. En efecto, el crédito que, como

---

45 Véase lo dispuesto en el artículo 29 del Real Decreto-ley 8/2020, de 17 de marzo, de medidas urgentes extraordinarias para hacer frente al impacto económico y social del COVID-19, así como en el artículo 1 del Real Decreto-ley 25/2020, de 3 de julio, de medidas urgentes para apoyar la reactivación económica y el empleo, y en el artículo 29 del Real Decreto-ley 6/2022, de 29 de marzo, por el que se adoptan medidas urgentes en el marco del Plan Nacional de respuesta a las consecuencias económicas y sociales de la guerra en Ucrania.

46 En la Nota sobre el régimen de cobranza aplicable a los avales otorgados en virtud de los Reales Decretos-leyes 8/2020 y 25/2020, elaborada por la Abogacía del Estado (Ministerio de Justicia. Subdirección General de los servicios contenciosos. Departamento civil y mercantil), p. 4, se indica que "son créditos de titularidad de la Administración General del Estado y se derivan del ejercicio de potes-

avalista, corresponde al Ministerio de Asuntos Económicos frente al deudor en caso de que acabe pagando el crédito garantizado es un crédito de titularidad pública. Y lo es con independencia de que para hacer valer su pretensión en sede de concurso o de reestructuración el Ministerio ejercite su derecho de reembolso o se subrogue en el crédito del acreedor principal. En ese último caso lo habrá hecho suyo a través de la cesión legal que representa la subrogación (art. 1839 CC)[47]. Ahora bien, *que el crédito sea de titularidad pública no supone que resulte del ejercicio de una potestad administrativa.* Como ya hemos expuesto, son potestades administrativas los poderes jurídicos unilaterales otorgados por la ley para la satisfacción de intereses de carácter general que producen efectos sin que sea necesaria la intervención de los particulares y que están sujetos a la ley y al control de los tribunales[48]. Ciertamente, la aprobación de líneas de avales con el propósito de asegurar el mantenimiento del empleo

---

tades administrativas". No se explica, sin embargo, en qué consisten dichas potestades. También entienden que se trata de créditos públicos F. MARTÍNEZ SANZ, "Algunas cuestiones prácticas que suscita la financiación ICO-COVID en los concursos de acreedores", ADCo, nº 57, 2022, III (versión Proview); P. THOMÀS, "Fianzas y avales públicos en el concurso del deudor garantizado", *La Ley mercantil*, nº 90, 2022, 5 a) i) (versión Smarteca); F. CERDÁ ALBERO, "El plan de reestructuración: contenidos y aprobación (formación de clases de créditos, votación y mayorías)", en A. COHEN (dir.), *El nuevo marco jurídico de la reestructuración de empresas en España*, Thomson Reuters, Cizur Menor, 2023, IV.3.3.B (versión Proview), y NOVO, *El nuevo marco jurídico*, V.1. Esta última autora entiende que se trata de créditos públicos despojados de los privilegios característicos de dichos créditos; *ibid.*, V.3. En términos parecidos, CERDÁ, *El nuevo marco*, IV.3.3. B entiende que merecen la consideración de créditos financieros de rango ordinario.

47 Sin embargo, v. A. ALVARGONZÁLEZ TREMOLS, "Clasificación de los créditos ICO en los planes de reestructuración", en J.A. GARCÍA-CRUCES (coord.), *De Iure Mercatus. Libro Homenaje al Prof. Dr. h. c. Alberto Bercovitz Rodríguez Cano*, Tirant lo Blanch, Valencia, 2023, pp. 3984-4009, pp. 3994-3999.

48 V. *supra* nota nº 11. Siendo esto así, la falta de capacidad coactiva del ICO no constituye un elemento determinante para excluir de la categoría de créditos públicos a los créditos que gestiona. Sin embargo, ALVARGONZÁLEZ, *De Iure Mercatus*, pp. 3399-4000.

y paliar las consecuencias económicas del COVID-19 (art. 29 RDL 8/2020), para favorecer la recuperación económica del país (art. 1 RDL 25/2020), o para aliviar las tensiones de liquidez generadas por la guerra de Ucrania (art. 29.1 RDL 6/2022), constituye un ejercicio de la potestad de fomento[49]. Sin embargo, los créditos que corresponden al Ministerio como consecuencia de la ejecución de esos avales resultan del derecho de reembolso del que goza en principio cualquier garante (v. art. 1838 CC, respecto de la fianza)[50]. Tampoco tiene su origen en una potestad administrativa el crédito de reembolso resultante del contrato de préstamo en el que se subroga el avalista con todos sus accesorios para reintegrase de lo satisfecho al acreedor (art. 1839 CC), o, incluso, sin pago, como consecuencia de los autos de apertura del concurso y del procedimiento especial de microempresas (D.A. 8ª.5 Ley 16/2022). Se explica así que, a pesar de la subrogación del Ministerio de Asuntos Económicos y Transformación Digital, los créditos de los que devenga titular de este modo no tengan la condición de créditos públicos. Nótese que el hecho de que estos créditos resulten del desarrollo de una actividad financiera —como es la prestación de garantías para facilitar la obtención de financiación— y no del ejercicio de una potestad administrativa permite entender mejor que la gestión de estos avales se haya encomendado al ICO, *entidad pública empresarial* que tiene la condición de *entidad de cré-*

---

49 Respecto de las potestades de fomento y subvención, v. *supra* notas nº 15 y 16. En el caso de las medidas de ayuda aprobadas para paliar las consecuencias económicas de la pandemia, la STS (Sala 3ª) nº 714/2024, de 26 de marzo, f.d. 10º ha considerado que constituyen una manifestación de la actividad administrativa de fomento.

50 Como es sabido, esta regulación constituye, en mayor o menor medida, el marco normativo de referencia para las distintas garantías personales. Por todos, v. L. DÍEZ-PICAZO, *Fundamentos del Derecho civil patrimonial*, t. II, 4ª edición, Civitas, Madrid, 1993 p. 416, y V. GUILARTE ZAPATERO, "Comentario del artículo 1823 CC", en L. DÍEZ-PICAZO/R. BERCOVITZ/C. PAZ-ARES/P. SALVADOR CODERCH (dirs.), *Comentario del Código civil*, t. II, Ministerio de Justicia, Madrid, 1991, pp. 1785-1787, p. 1785.

dito y *Agencia Financiera del Estado*[51]. En efecto, en atención a esta condición, incumbe al ICO disponer "lo necesario para la puesta en marcha de forma efectiva de esta línea de avales" y resolver "[...] cuantas incidencias prácticas pudiesen plantearse para la ejecución de [esta] y durante toda la vigencia de las operaciones"[52]. En concreto, eso significa

---

51 Sobre su doble condición, v. https://www.ico.es/web/guest/quienes_somos_ico/que_es_el_ico. Entre las funciones de esta entidad se encuentran el otorgamiento de préstamos a medio y largo plazo y la formalización, gestión y administración de avales u otras garantías (arts. 3.2 y 4.1 del Real Decreto 706/1999, de 30 de abril, de adaptación del Instituto de Crédito Oficial a la Ley 6/1997 de 14 de abril, de organización y funcionamiento de la Administración General del Estado y de aprobación de sus Estatutos).

52 Apartados 3 y 4 del Acuerdo de Consejo de Ministros de 24 de marzo de 2020, anexo a la resolución de 25 de marzo de 2020 de la Secretaría de Estado de Economía y Apoyo a la Empresa, por el que se aprueban las características del primer tramo de la línea de avales del ICO para empresas y autónomos, para paliar los efectos económicos del COVID-19; apartados 3 y 4 del Acuerdo de Consejo de Ministros de 10 de abril de 2020, anexo a la resolución de la misma fecha de la Secretaría de Estado de Economía y Apoyo a la Empresa, por el que se instruye al Instituto de Crédito Oficial a poner en marcha el segundo tramo de la línea de avales aprobada por el Real Decreto-ley 8/2020, de 17 de marzo, y se establece que sus beneficiarios sean las pequeñas y medianas empresas y autónomos afectados por las consecuencias económicas del COVID-19; apartados 4 y 5 del Acuerdo de Consejo de Ministros de 5 de mayo de 2020, anexo a la resolución de 6 de mayo de 2020, de la Secretaría de Estado de Economía y Apoyo a la Empresa, por el que se establecen los términos y condiciones del tercer tramo de la línea de avales a préstamos concedidos a empresas y autónomos, a los pagarés incorporados al Mercado Alternativo de Renta Fija (MARF) y a los reavales concedidos por la Compañía Española de Reafianzamiento, SME, Sociedad Anónima (CERSA), y se autorizan límites para adquirir compromisos de gasto con cargo a ejercicios futuros en aplicación de lo dispuesto en el artículo 47 de la Ley 47/2003, de 26 de noviembre, General Presupuestaria; apartados 1 y 4 del Acuerdo de Consejo de Ministros de 9 de mayo de 2020, anexo a la resolución de la Secretaría de Estado de Economía y Apoyo a la Empresa, por el que se instruye al Instituto de Crédito Oficial a poner en marcha el cuarto tramo de la línea de avales aprobada por el Real Decreto-ley 8/2020, de 17 de marzo, y se establece que sus beneficiarios sean las pequeñas y medianas empresas y autónomos afectados por las consecuencias económicas del COVID-19; apartados 1 y 3 del Acuerdo de Consejo de Ministros

que, como gestor de los avales, corresponde al ICO satisfacer a las entidades financieras que otorgaron la financiación las cantidades correspondientes a los avales que finalmente resulten ejecutados, así como recuperar del deudor dichos importes de acuerdo con el procedimiento que se disponga en el contrato marco de avales con las entidades financieras[53].

---

de 16 de junio de 2020, anexo a la resolución de la misma fecha por el que se establecen los términos y condiciones del quinto tramo de la línea de avales a préstamos concedidos a empresas y autónomos, a préstamos concedidos a pymes y autónomos del sector turístico y actividades conexas, y financiación concedida a empresas y autónomos para la adquisición de vehículos de motor de transporte por carretera de uso profesional, y se autorizan límites para adquirir compromisos de gasto con cargo a ejercicios futuros, en aplicación de lo dispuesto en el artículo 47 de la Ley 47/2003, de 26 de noviembre, General Presupuestaria; apartados 3 y 4 del Acuerdo de Consejo de Ministros de 28 de julio de 2020, anexo a la resolución de la misma fecha de la Secretaría de Estado de Economía y Apoyo a la Empresa, por el que se establecen los términos y condiciones del primer tramo de la línea de avales a financiación concedida a empresas y autónomos con la finalidad principal de financiar inversiones y se autorizan límites para adquirir compromisos de gasto con cargo a ejercicios futuros, en aplicación de lo dispuesto en el artículo 47 de la Ley 47/2003, de 26 de noviembre, General Presupuestaria; apartados 3 y 4 del Acuerdo de Consejo de Ministros de 22 de diciembre de 2020, anexo a la resolución de la misma fecha, de la Secretaría de Estado de Economía y Apoyo a la Empresa, por el que se establecen los términos y condiciones del cuarto y quinto tramo de la línea de avales aprobada por el Real Decreto-ley 25/2020, de 3 de julio, con la finalidad principal de financiar inversiones de pymes y autónomos pertenecientes al sector turístico, hostelería y actividades conexas, y para reforzar los reavales concedidos por la Compañía Española de Reafianzamiento, S.M.E., Sociedad Anónima (CERSA); apartados 4 y 5 del Acuerdo de Consejo de Ministros de 25 de mayo de 2021, anexo a la resolución de 28 de mayo de 2021, del Secretario de Estado de Economía y Apoyo a la Empresa, por el que se establecen los términos y condiciones del sexto tramo de la línea de avales a financiación concedida a empresas y autónomos con la finalidad principal de financiar inversiones y se autorizan límites para adquirir compromisos de gasto con cargo a ejercicios futuros, en aplicación de lo dispuesto en el artículo 47 de la Ley 47/2003, de 26 de noviembre, General Presupuestaria.

53 Anexo I del Acuerdo de Consejo de Ministros de 25 de marzo de 2020, publicado en la resolución de la misma fecha de la Secreta-

La segunda razón por la que derechos de crédito resultantes de los avales gestionados por el ICO no pueden ser considerados créditos públicos es que, de manera consistente con lo apuntado, *la ley los ha excluido de dicha consideración* tal y como pone de manifiesto el hecho de que los haya privado de sus prerrogativas y privilegios característicos. En efecto, el artículo 16.2 Real Decreto-ley 5/2021 dispone que *no se aplicarán a la recuperación de estos avales los procedimientos y prerrogativas de la Ley General Presupuestaria* propios del crédito público (art. 10 LGP). En consecuencia, establece que recibirán el tratamiento de *crédito ordinario* en el concurso (art. 16.4 Real Decreto-ley 5/2021). En la misma línea, en el régimen anterior, fueron calificados como *pasivo financiero* en las refinanciaciones (art. 16.3 y 4 Real Decreto-ley 5/2021)[54]. Esta consideración de "crédito financiero" se mantiene en la disposición adicional octava de la Ley 16/2022, que califica, además, a estos créditos, con carácter general, como créditos ordinarios (párrafo 2), y sujeta su tratamiento "en los procedimientos previstos en la Ley concursal" a "las especialidades recogidas en la presente disposición" (párrafo 1)[55]. En lo que ahora interesa, esto significa que los

ría de Estado de Economía y Apoyo a la Empresa; anexos I y II del Acuerdo de Consejo de Ministros de 5 de mayo de 2020, publicado en la resolución de 6 de mayo de 2020, de la Secretaría de Estado de Economía y Apoyo a la Empresa; anexo I del Acuerdo de Consejo de Ministros de 28 de julio de 2021, publicado en la resolución de la misma fecha de la Secretaría de Estado de Economía y Apoyo a la Empresa.

54 El Real Decreto-ley 5/2021, de 12 de marzo, de medidas extraordinarias de apoyo a la solvencia empresarial en respuesta a la pandemia de la COVID-19, establece el régimen de cobranza de los avales otorgados en virtud de los Reales Decretos-leyes 8/2020, de 17 de marzo, y 25/2020, de 3 julio, para hacer frente a las consecuencias derivadas de la pandemia. Con posterioridad, el artículo 30 del Real Decreto-ley 6/2022, remite expresamente a dicho régimen respecto de la realización de los avales otorgados en el marco de esta norma.

55 Esta disposición fue modificada pocos meses después de su entrada en vigor por el artículo 105 del Real Decreto-ley 20/2022, de 27 de diciembre, de medidas de respuesta a las consecuencias económicas y sociales de la Guerra de Ucrania y de apoyo a la reconstrucción de

créditos de reembolso no se incluyen en la clase correspondiente a los créditos públicos (párrafo 2), se les pueden aplicar quitas y las esperas no se sujetan a los límites establecidos en la ley concursal (art. 616 bis LC). En cambio, no pueden ser afectados por las medidas señaladas en la ley, en concreto, el cambio de ley aplicable, el cambio de deudor —sin perjuicio de que un tercero asuma sin liberación de ese deudor la obligación de pago—, la modificación o extinción de las garantías que tuviesen, y la conversión de los créditos en acciones o participaciones sociales, en créditos o préstamos participativos o en cualquier otro crédito de características o de rango distintos de aquellos que tuviese el crédito originario (párrafo 4). Como veremos más adelante, y con las excepciones que se señalarán, esa limitación resulta cuestionable tanto para los créditos públicos como para estos avales (v. *infra* § 6). Por lo demás, puesto que los créditos resultantes de los avales gestionados por el ICO no son créditos públicos, en caso de incumplimiento del plan respecto de estos, ni su titular, ni quien los gestiona, ni la entidad financiera a quien corresponda la representación de los intereses del Estado en los procedimientos previstos en la legislación concursal (D.A. 8ª.5 Ley 16/2022) podrán solicitar la resolución de aquél, ni se producirá la desaparición de sus efectos, salvo que en el propio plan se haya establecido otra cosa (art. 671.1 LC)[56].

---

la isla de La Palma y a otras situaciones de vulnerabilidad. Sostienen que estos créditos no tienen carácter público sobre la base de dichas disposiciones, M. FLORES, "El régimen jurídico de los avales públicos en caso de insolvencia del deudor avalado", ADCo, nº 58, 2023, nota nº 8, así como secciones III y IV (versión Proview), y ALVAR-GONZÁLEZ *De Iure Mercatus*, p. 4000.

56 Sin embargo, sostiene lo contrario CERDÁ, *El nuevo marco jurídico*, I 6.3.2.A b).

3.2. LA PARTICIPACIÓN EN LA APROBACIÓN DEL PLAN

Aclarado lo anterior, las particularidades que plantea el tratamiento de estos créditos en las reestructuraciones *no tienen que ver con la posibilidad de que sean afectados por el plan* y, por lo tanto, reestructurados, *sino con su participación en la aprobación del plan.* En efecto, no se discute que les alcance la paralización de ejecuciones que resulta de la comunicación del inicio de las negociaciones (arts. 600 y 601 LC), ni que puedan quedar afectados por el plan de reestructuración en los términos antes expuestos. Lo que plantea dudas es la forma en la que estos participan en la adopción del plan de reestructuración.

Conviene empezar por recordar que en estos casos coexisten frente al patrimonio del deudor dos créditos: un crédito actual —el crédito principal— del que es titular la entidad financiera, y otro contingente por el reembolso de lo que se satisfaga a dicha entidad del que es titular el Ministerio de Asuntos Económicos y Transformación Digital y que gestiona el ICO. Pues bien, ambos créditos pueden resultar afectados por el plan de reestructuración (art. 616.2 y 3 LC). A diferencia de lo que sucede en el caso del concurso y de los procedimientos de microempresas, con la comunicación de inicio de las negociaciones del plan no se produce la subrogación *ex lege* del ministerio en el crédito principal (D.A. 8ª.5 Ley 16/2022).

> Es cierto que esta peculiar forma de subrogación permite simplificar la gestión de tales créditos en dichos procedimientos cuando la ejecución del aval no se produce de una sola vez, sino de manera sucesiva como consecuencia del impago de las cuotas en las que se divide el crédito principal[57]. Pero, probablemente, su consecuencia más importante sea evitar la aplicación

---

57 C. LADÓ CASTRO-RIAL, "Comentario de la disposición adicional octava de la ley 16/2022", en J. PULGAR (dir.), *Comentario a la Ley Concursal*, t. II, 3ª edición, La Ley, Madrid, 2023, pp. 2076-2096, p. 2091.

> de las reglas relativas a los *pagos parciales* de los garantes que, en esencia, subordinan la satisfacción del reembolso al pago íntegro del crédito garantizado. En efecto, a falta de dicha disposición, la ejecución del aval por las cuotas impagadas del crédito garantizado antes de la declaración de concurso daría lugar a un pago parcial que permitiría a la entidad financiera obtener el reconocimiento a su favor tanto de la parte del crédito garantizado no satisfecha, como de la parte correspondiente al ministerio por su reembolso para apropiarse de esta hasta obtener la íntegra satisfacción de la parte del crédito garantizada (art. 264 LC). Asimismo, respecto de las ejecuciones del aval que fueran a realizarse después de la declaración de concurso, el ministerio no podría subrogarse en la posición del acreedor principal y, en consecuencia, no podría recibir ningún pago hasta que no hubiera sido íntegramente satisfecha la entidad financiera (art. 1213 CC y art. 438.3 LC).

Pudiendo quedar afectados ambos créditos por la reestructuración, lo cierto es que en estos casos la ley asigna el *derecho de voto al acreedor principal* (art. 628.2 LC). Con esta excepción a la regla general en materia de voto —que prevé que todos los acreedores cuyos créditos puedan quedar afectados por el plan gozan de dicho derecho (art. 628.1 LC)—, se evita que se multiplique artificialmente el voto correspondiente al crédito garantizado que solo grava una vez el patrimonio del deudor —*v.gr.*, o se paga al acreedor o se paga al avalista que satisfizo el crédito del primero—[58].

---

[58] En contra, F. AZOFRA, "Comentario del artículo 616 LC", en J. PULGAR (dir.), *Comentario a la Ley Concursal*, t. II, 3ª edición, La Ley, Madrid, 2023, pp. 979-986, p. 986. La cuestión cambia cuando el reembolso está garantizado —p.ej., con una garantía real—, y el crédito principal no lo está. Como se reconoce en la doctrina alemana, respecto del *Insolvenzverfahren* o procedimiento concursal formal este caso constituye una excepción a la regla general de prohibición de doble reconocimiento, pues en razón de la garantía pactada a favor del fiador, los créditos son cualitativamente distintos. Así, v. F. EICHEL, en H.F. MÜLLER/F. EICHEL/F. MYLICH/J.F. HOFFMANN (eds.), *Jaeger Kommentar zur Insolvenzordnung*, 2ª edición, De Gruyter, Berlín, 2023, § 44 RdN 11; G. BITTER, en R. STÜRNER/H.

En el caso que nos ocupa, la ejecución del aval y la satisfacción del crédito avalado permitirá al garante subrogarse en el crédito de la entidad financiera por la parte avalada para realizar este crédito y aplicarlo al pago de su reembolso. El hecho de que la total ejecución del aval no baste para cubrir el importe total del crédito no impide la subrogación del garante en aplicación del principio *nemo subrogat contra se* (art. 1213 CC). El aval se constituyó *ab initio* como una garantía que solo cubre una parte de aquel —un 70% o un 80%, según los casos— y que, de facto, provoca que el crédito se escinda en dos partes, la garantizada y la que no lo está. Entonces, una vez que el garante ha cumplido con su obligación en los términos pactados, el acreedor no puede albergar razonablemente la expectativa de que el crédito de reembolso del avalista no concurrirá con su crédito en el momento del pago[59]. Por lo tanto, con la íntegra satisfac-

---

EIDENMÜLLER/H. SCHOPPMEYER (dirs.), *Münchener Kommentar zur Insolvenzordnung*, 4ª edición, 2019, § 44 RdN 31. Por lo tanto, el crédito de reembolso del fiador participa en el concurso como corresponde a los acreedores con garantía real. A esta solución se llega igualmente en nuestro ordenamiento sobre la base de lo dispuesto en la última frase del artículo 616.3 LC, que asigna a estos créditos el tratamiento propio de los créditos garantizados y, por lo tanto, cabe entender que gozan del correspondiente derecho de voto (art. 628.1 LC). Ahora bien, que esto sea así en este supuesto particular en nada afecta a la regla general contemplada en la ley para el resto de los créditos con garantía de tercero (art. 628.2 LC).

59 Sobre la posibilidad de que el avalista o fiador parcial que cumple con su obligación de garantía concurra con el acreedor principal, v. H. HUBER, "Bestehende Avale in der Insolvenz des Auftraggebers", en M. OBERMÜLLER (ed.), *Insolvenzrecht in der Bankpraxis*, 10ª edición, Otto Schmidt, Colonia, 2023, RdN. 5.1075. Aunque se trata de una cuestión discutida en la literatura alemana, esta es la posición mayoritaria. Al respecto, pero crítico, v. G. BITTER, en R. STÜRNER/H. EIDENMÜLLER/H. SCHOPPMEYER (dirs.), *Münchener Kommentar zur Insolvenzordnung*, 4ª edición, 2019, § 43 RdN 28-29. Por su parte F. EICHEL, en H.F. MÜLLER/F. EICHEL/F. MYLICH/J.F. HOFFMANN (eds.), *Jaeger Kommentar zur Insolvenzordnung*, 2ª edición, De Gruyter, Berlín, 2023, § 43 RdN 25-26, distingue entre los supuestos en los que la fianza se vincula a una parte concreta de la deuda y aquellos otros en los que la garantía se limita a una suma de responsabilidad. En estos últimos, la vieja jurisprudencia

ción de la parte del crédito garantizada, el avalista podrá subrogarse en la posición del acreedor principal.

A la vista de lo anterior, resulta claro que no habiendo sido ejecutado el aval, el único legitimado para votar por la parte del crédito garantizada es la entidad financiera en tanto que titular del crédito actual frente al patrimonio del deudor (art. 628.2 LC y D.A. 8ª.7, párrafo primero de la Ley 16/2022). Pero, aunque como consecuencia del pago del crédito se hubiera producido la subrogación del ministerio en el crédito principal (art. 1839 CC), el derecho de voto seguirá correspondiendo a la entidad financiera conforme a la regla especial que le asigna en todo caso —y, por lo tanto, con independencia de que aquel se hubiera subrogado—, el derecho de voto (D.A. 8ª.7, párrafo primero de la Ley 16/2022). Así, la subrogación en el crédito principal deviene irrelevante a los efectos del voto: este corresponde siempre a la entidad financiera que deberá actuar en interés del ministerio. Si no se ha ejecutado el aval, la entidad financiera actúa como representante *ex lege* de la cotitularidad o comunidad de interés que se forma sobre el derecho de voto entre aquella y el ministerio en razón del interés legítimo que ambos tienen en votar en el plan como consecuencia del impacto que la decisión de la entidad financiera tiene sobre la posición del fiador (*v.gr.*, porque la afectación del crédito principal alcanza al fiador, que lo adquirirá por subrogación, y lo que cobre por esta vía se aplicará a la vez a satisfacer su reembolso)[60]. Y si se ha

---

alemana entendió que el garante no se liberaba de su obligación satisfaciendo el crédito del acreedor principal sólo hasta el importe de la suma de responsabilidad, pues consideraba que respondía frente al acreedor del total ("auf das Ganzes") —como un deudor solidario—, y no sólo de una parte. En consecuencia, se estimó que el garante que solo pagaba la parte de la deuda correspondiente a la suma de responsabilidad no podía concurrir en el concurso junto al acreedor principal.

60 Sobre esta cuestión, en el ámbito del convenio concursal, BERMEJO, *Créditos y quiebra*, p. 221, e *id.*, "Comentario del artículo 135 LC", en A. ROJO/E. BELTRÁN (dirs.), *Comentario de la Ley concursal*, t. II, Civitas, Madrid, 2004, pp. 2234-2243, p. 2239.

ejecutado ya el aval, la ley le sigue asignando a la entidad financiera la representación de los intereses de aquél a pesar de que la cotitularidad sobre el derecho de voto hubiera podido desaparecer y el ministerio hubiera devenido titular del mismo. Esta solución, que a primera vista sorprende, se explica en un escenario en el que, por lo general, *la ejecución del aval no se produce de una sola vez, sino de manera parcial y sucesiva* a resultas del impago de las cuotas en las que se divide el crédito principal conforme al calendario de amortización estipulado[61]. Como hemos indicado, de acuerdo con el régimen concursal general, por los pagos parciales que realice el garante al acreedor principal no puede considerarse producida la subrogación (art. 1213 CC; arts. 264 y 483.2 LC *in fine*). Entonces, los derechos de voto por esos créditos corresponden al acreedor principal sin perjuicio de su obligación de actuar contemplando los intereses del garante. Pues bien, la D.A. 8ª.7, párrafo primero de la Ley 16/2022, recoge esta solución y asigna el derecho de voto a la entidad financiera en todo caso. De esta manera, la asignación no se verá afectada por el hecho de que el ICO vaya realizando pagos parciales sucesivos como consecuencia de la ejecución del aval.

La ley sólo permite a la entidad financiera votar en contra del plan o abstenerse asumiendo que estas son las dos opciones que no resultan lesivas para los intereses del avalista. De este modo, la ley determina el ámbito y extensión de esta

---

61 Apuntan que esta es la configuración de los avales gestionados por el ICO, S. SÁENZ DE SANTA MARÍA/L. JIMÉNEZ LÓPEZ, "Planes de reestructuración y avales ICO", *Actualidad Jurídica Uría Menéndez*, nº 59, 2022, pp. 120-136, p. 122, y LADÓ CASTRO-RIAL, *Comentario DA octava*, II[3], p. 2091. Además, los primeros autores explican que, a los efectos de la ejecución del aval, sólo se entiende producido el impago cuando transcurridos noventa días desde que el deudor desatendió la obligación, no se hubiera regularizado la situación. Asimismo, señalan que la garantía no cubre los supuestos de declaración de vencimiento anticipado por parte de la entidad financiera. *Ibid.*, p. 122.

representación *ex lege*[62]. Para poder votar a favor del aquél la entidad financiera deberá contar con la *autorización previa* del Departamento de Recaudación de la Agencia Tributaria (D.A. 8ª.7, párrafo segundo de la Ley 16/2022). Sin embargo, esta no será necesaria cuando se haya otorgado una autorización general de voto a favor del plan en una norma adoptada a tal efecto (D.A. 8ª.7, párrafo tercero de la Ley 16/2022). Esto es, por ejemplo, lo que sucede con los aplazamientos no superiores a ocho y diez años —según el tipo de aval— contemplados en el Anexo I, apartado primero del Acuerdo de Consejo de Ministros de 21 de mayo de 2022[63]. Evidentemente, la entidad financiera tampoco necesitará dicha autorización respecto de la parte del crédito que no está garantizada por el aval y que resulte afectada por el mismo. Es ella la que padece las consecuencias de su decisión y el sentido de su voto respecto de esta parte del crédito no puede quedar, entonces, condicionado por el voto emitido en la parte avalada.

> En realidad, la parte del crédito avalada y la parte no avalada pueden considerarse funcionalmente dos créditos distintos porque se produce una disociación parecida a la que provoca la denominada "bifurcación" de los créditos que cuentan con garantía real. En este caso debe valorarse la garantía conforme a las reglas previstas en el libro primero para determinar, a los efectos de voto, qué parte del crédito queda cubierta por la misma. Sólo esa parte tendrá la consideración de crédito garantizado, mientras que el resto se inclui-

---

[62] Así, v. la autorizada opinión de L. DÍEZ-PICAZO, *La representación en el Derecho privado*, Civitas, Madrid, 1992, p. 132.

[63] A este acuerdo se remite la Comunicación de aplicación directa a las entidades financieras en las líneas ICO de avales COVID, que el ICO remitió en mayo de 2023 a las entidades financieras. Allí se dispone que, para solicitar la autorización del aplazamiento "[a]demás, deberá certificar que la presente solicitud no cumple las condiciones previstas para poder beneficiarse de las autorizaciones generales adoptadas al amparo del artículo 16.2 del Real Decreto-ley 5/2021 y recogidas actualmente en los ACM de 11/05/2021 y 21/06/2022". En el caso de las quitas, la remisión se hace a "las autorizaciones generales adoptadas al amparo del Marco Temporal Europeo y el artículo 16.2 del Real Decreto-ley 5/2021".

> rá en la clase que corresponda en atención a su rango concursal (art. 617.5 LC). Pues bien, en el caso de los créditos con fianza o aval parcial gestionado por el ICO debe procederse a valorar el crédito para determinar qué parte está cubierta por la garantía y qué parte no lo está a fin de establecer a cuál de ellas se aplica la regla de la autorización previa para votar a favor del plan (D.A. 8ª.7 Ley 16/2022, párrafo segundo). Lejos de lo que se ha afirmado, no hay nada en la ley que impida dividir de ese modo el crédito avalado. Al contrario, una lectura atenta de la norma pone de manifiesto que es necesario llevar a cabo dicha división para que, conforme a lo dispuesto en esta, puedan votar de manera separada cada una de las partes (D.A. 8ª.7 Ley 16/2022, párrafo primero). Además, la disociación no aumenta el peso del ministerio en la adopción del plan, sino que limita su influencia a la parte del crédito garantizada, excluyendo el resto por el cual su titular —la entidad financiera— podrá votar como tenga por conveniente, tal y como se ha confirmado en la Nota de febrero de 2023. No se entiende, entonces, que la disociación del crédito con aval parcial gestionado por el ICO pueda suponer un privilegio o llegar a impedir la reestructuración[64].

El voto a favor del plan faltando la autorización previa provoca consecuencias distintas en función de que se haya ejecutado o no el aval. No estando ejecutado el aval, el voto a favor del plan provocará la pérdida de la garantía y el acreedor tendrá, entonces, que cobrarse del deudor conforme a lo dispuesto en aquel sin poder reclamar al garante el pago del crédito. Respecto de la parte ya ejecutada —a este supuesto se refiere la locución "en su caso"—, el crédito del ministerio frente al deudor no quedará afectado por el contenido del plan (D.A. 8ª.7, párrafo quinto de la Ley 16/2022). Lo primero no es más que el resultado de aplicar a este ámbito la regla general que contempla el perjuicio de la garantía en caso de que los avalistas no puedan quedar subrogados en el crédito principal como consecuencia de un hecho imputable al acreedor —*v.gr.*,

64 Sin embargo, ALVARGONZÁLEZ *De Iure Mercatus*, p. 4006.

porque con su voto a favor contribuye a la aprobación o, en su caso, a la homologación del plan que afecta a la subrogación— (art. 1852 CC)[65]. Lo segundo es el resultado de la actuación de la entidad financiera fuera de los límites establecidos para ejercitar el derecho de voto y, por lo tanto, excediéndose en sus facultades como representante. *El voto que desconoce dichos límites ha de considerarse nulo* (argumento *ex* art. 1259 II CC) y *el plan aprobado de este modo no desplegará efectos sobre el crédito del ministerio.* Esto sucederá cuando, estando el crédito avalado ubicado en una clase aparte, sea el único integrante de la misma. Por las razones que veremos a continuación, esta situación puede resultar bastante habitual (v. *infra* § 3.3). En ese caso, el voto de la entidad financiera a favor del plan no permitirá que en la parte ya ejecutada el crédito del ministerio quede afectado y este mantendrá intactos sus derechos de cobro. Ello, sin embargo, no impide que, como consecuencia de la homologación, pueda ser arrastrado por otras clases y se le pueda terminar imponiendo aquel (art. 649 LC).

Ahora bien, el tenor literal de la norma es más amplio y podría llevar a pensar que, de desconocer la entidad financiera los límites que la ley impone a su actuación, el crédito del ministerio tampoco podría resultar afectado cuando el plan hubiera sido aprobado por mayoría en la clase en la que hubiera quedado incluido. Sin embargo, esta lectura del precepto resulta problemática por *dos razones*: la primera, que corresponde a la mayoría —y no a los acreedores individualmente— la aprobación del plan dentro de la clase correspondiente (art. 629.1 LC), y la segunda, que la homologación permite extender su eficacia a los acreedores de esa clase que no hayan votado a favor (arts. 635.1º y 649 LC)[66]. Además, dicha lectura introduce una importante *contradicción de valoración* en el sistema que

---

65 En este sentido, respecto del convenio concursal, BERMEJO, *Comentario art. 135 LC*, II, pp. 2241-2243.

66 Advierte del salto lógico que se produce en estos supuestos entre el exceso en la actuación del representante y la consecuencia jurídica prevista por el legislador, FLORES, ADCo, 58 (2023), V.5.3.

obliga de inmediato a descartarla. En efecto, en el caso de que la entidad financiera desconociera los límites que establece la ley y hubiera votado a favor del plan sin la correspondiente autorización del ministerio, su crédito no podría quedar afectado ni siquiera cuando, una vez descontado ese voto, hubiera una mayoría de créditos que lo hubiera aprobado en dicha clase conforme a lo dispuesto en la ley (art. 629.1 LC). En cambio, en el mismo supuesto, si la entidad financiera hubiera actuado dentro de los límites que establece la ley y hubiera votado en contra del plan, el crédito del ministerio podría quedar afectado si, en virtud de la homologación, su eficacia se extendiera a los acreedores de dicha clase que no hubieran votado a favor del mismo (arts. 635.1º y 649 LC). Se impone, entonces, proceder a una *reducción teleológica* del precepto que corrija los excesos a los que conduce su aplicación literal y limite sus consecuencias en función de la finalidad perseguida. Esta consiste en evitar que el crédito del ministerio pueda quedar afectado por el plan sin su autorización como consecuencia de los excesos del representante en su actuación. Pues bien, siendo esto así, en el caso de quedar incluido en una clase con otros créditos, el mero hecho de que la entidad financiera haya votado a favor del plan no tiene como consecuencia inmediata que el crédito del ministerio no resulte afectado por este. Lo que procederá es descontar el voto de aquella por faltar la preceptiva autorización del ministerio (art. 1259 II CC). Entonces, su crédito no quedará afectado cuando, tras haber descontado el voto, *no se alcance en el seno de dicha clase la mayoría necesaria para entender aprobado el plan dentro de la misma.* A fin de cuentas, en esas circunstancias, no habrá una mayoría que pueda arrastrar a los acreedores que no votaron a favor del plan. Cuestión distinta es que, como veíamos anteriormente, esa clase disidente pueda ser arrastrada por otras clases que hayan aprobado el plan y termine quedando afectado por esta.

3.3. LA INCLUSIÓN EN UNA CLASE SEPARADA

Lo expuesto hasta ahora proporciona motivos suficientes para que los créditos garantizados con estos avales puedan incluirse en una *clase aparte* de la clase de los acreedores financieros que pudiera crearse en el rango concursal correspondiente (art. 623.3 y 4 LC). En estos casos, el sentido de su voto se determina no en función de su interés en maximizar su recuperación en la reestructuración, sino de un interés ajeno a esta como es no perder la cobertura de la garantía. Esto les coloca en una situación de *conflicto de interés* que permite ubicar a estos créditos en una clase distinta dentro de su rango, pues su voto no está alineado con el objetivo de maximizar del valor del patrimonio en reestructuración (art. 623.3 LC)[67]. A lo anterior se añade que la norma exige que voten por separado la parte avalada y la parte no avalada, lo cual resulta más "visible" si el crédito avalado se incluye en una clase distinta (D.A. 8ª.7 Ley 16/2022)[68]. En cualquier caso, la parte del crédito garanti-

67 Sobre los conflictos de interés en el ámbito de los acuerdos de refinanciación, v. F. GARCIMARTÍN/A. THERY, "Conflictos de interés y acuerdos de refinanciación", 2021, pp. 6-8 disponible en https://almacendederecho.org/conflictos-de-interes-y-acuerdos-de-refinanciacion. Sobre la ubicación de estos créditos en una clase separada, v. F. GARCIMARTÍN, "Apuntes sobre la formación de clases en Derecho preconcursal", *Almacén de Derecho*, 2022, p. 3, disponible en https://almacendederecho.org/apuntes-sobre-la-formacion-de-clases-en-el-derecho-preconcursal. A modo de ilustración de este conflicto, v. el artículo de prensa publicado en "El Confidencial" el 8 de marzo de 2023, bajo el título "El ICO acepta quitas en los créditos con aval y desbloquea las grandes reestructuraciones" (https://www.elconfidencial.com/empresas/2023-03-08/ico-reestructuraciones-creditos-avales-quitas-banca_3588491/), en el que se afirmaba lo siguiente: "Se daba la paradoja de que ante una situación de una empresa en problemas, con los bancos como acreedores, podrían preferir dejar que la empresa quiebre y recuperar el 70% o el 80% del crédito, que dejar fuera al ICO y asumir refinanciaciones que empeoren su posición".

68 No obstante, la separación en clases distintas no parece indispensable para que el voto se emita de manera separada. Bastará, como

zada con estos avales deberá incluirse en una clase aparte dentro del rango que le corresponda en todos los supuestos en los que no vaya a ser tratada de manera paritaria con otros créditos de la misma clase como consecuencia de las limitaciones que se recogen en la D.A. 8ª.4 LC. Lo contrario supondría infringir la prohibición de trato desigual dentro de la misma clase y podría ser invocado por los acreedores afectados que no votaran a favor del plan para impedir su homologación (art. 654.5º LC)[69].

La segregación de estos créditos en una clase separada tiene la ventaja añadida de ofrecer una salida a los problemas que plantea la tradicional falta de implicación de la Agencia Tributaria en estos procesos de toma de decisión[70]. En efecto, el riesgo de que el silencio de la Administración pueda, en estos casos, favorecer la abstención del acreedor garantizado y dificultar la aprobación del plan queda neutralizado en la medida en que el acreedor garantizado pueda ser arrastrado por quienes han aprobado el plan. A estos efectos, su ubicación en una clase separada facilita su arrastre, particularmente cuando se trata del acreedor

---

señalábamos anteriormente, con que el acreedor principal pueda ejercitar el derecho de voto correspondiente a la parte garantizada aparte del voto correspondiente a la parte no garantizada.

69 Sobre el particular, es obligada la referencia al trabajo de A. MARTÍNEZ FLÓREZ, "La igualdad de trato de los créditos del mismo rango en los planes de reestructuración: significado y tutela", *La Ley Insolvencia*, nº 21, 2023, p. 7 (versión electrónica), donde señala que la aplicación de la regla de trato paritario de los créditos integrados en la misma clase exige que "[…] cobren en el mismo porcentaje, a través del mismo medio y en los mismos tiempos". Con relación a los créditos ICO, a modo de ejemplo, v. el Auto nº 327/2023, del Juzgado de lo Mercantil nº 5 de Madrid, de 28 de septiembre, f.d. 5º (Telepizza). Cuestión distinta es que voluntariamente asuman otra cosa. Al respecto, v. el Auto nº 255/2024, del Juzgado de lo Mercantil nº 2 de Granada, de 15 de mayo (Lavandería Industrial Cano), f.d. 7º. Sin embargo, se califica de "clase exótica", entre otras, a la clase de créditos financieros con aval del ICO en el Auto nº 340/2024, del Juzgado de lo Mercantil nº 16 de Madrid, de 30 de julio, f.d. 4º (Novoline).

70 Aunque referido al convenio, v. FLORES, ADCo, 58 (2023), VI.6.

mayoritario[71]. La no aceptación del plan dentro de la clase correspondiente a estos créditos como consecuencia del silencio de la Agencia Tributaria podrá ser neutralizada por los acreedores del mismo rango que lo hayan aprobado en la clase correspondiente y soliciten la homologación judicial del mismo[72]. Esto sólo será posible cuando respecto de los créditos avalados, en los que habrá de subrogarse el ministerio tras la satisfacción del crédito, el plan satisfaga las reglas básicas del reparto: la prueba del interés superior de los acreedores (arts. 655.1 y 654.7º LC), la prohibición de sacrificio desproporcionado (arts. 655.1 y 654.6º LC), la prohibición de trato menos favorable que cualquier clase del mismo rango (art. 655.2.3º LC), y la regla de la prioridad absoluta, esto es, que los créditos de las clases inferiores o los socios no van a recibir valor en virtud del plan no habiendo sido satisfechos íntegramente aquéllos (art. 655.2.3º LC).

---

71 En la doctrina, ha puesto manifiesto las dificultades de arrastrar a estos créditos cuando el pasivo esté mayoritariamente compuesto por ellos, *ibid*, VII. Sobre la posibilidad de que otros acreedores arrastren con su voto a estos créditos sin que se perjudique la fianza, SÁENZ DE SANTA MARÍA/JIMÉNEZ LÓPEZ, *Actualidad Jurídica Uría Menéndez*, 59 (2022), pp. 131-133; *ibid*, VII. En la práctica, el ICO ha aceptado que el arrastre se produzca como consecuencia del voto a favor de la entidad financiera por la parte no garantizada de su crédito. Así, v. el artículo de prensa publicado al respecto en "El Confidencial" el 8 de marzo de 2023.

72 Siendo posible el arrastre, no se entiende que la separación de estos créditos en una clase aparte dentro del rango correspondiente pueda dificultar la adopción del plan. Sin embargo, ALVARGONZÁLEZ *De Iure Mercatus*, p. 4008.

§4. La afectación del crédito público por la reestructuración

Una vez delimitada la categoría del crédito público y excluidos los créditos que no merecen tal consideración, procede examinar el tratamiento que corresponde a estos créditos en la reestructuración. Frente a la solución legal que trata de excluirlos *de facto* de la posibilidad de ser afectados por los planes de reestructuración pondremos de manifiesto el interés que, para el buen fin de la reestructuración, tiene permitir que estos créditos puedan quedar afectados por la misma. Para ello, comenzaremos exponiendo el régimen legal y los problemas que plantea la exclusión de estos créditos de las reestructuraciones (v. *infra* §§ 4.1 y 4.2). A continuación, examinaremos las dos grandes objeciones que se han planteado a su inclusión: por una parte, el hecho de que el impago de estos créditos pueda indicar que la empresa no genera valor suficiente para cubrir sus costes fijos y que, por lo tanto, no es viable (v. *infra* § 4.3); y por otra, su compatibilidad con el régimen de ayudas de Estado (v. *infra* § 4.4). Salvadas estas objeciones, veremos que la solución adoptada en la ley es contraria a la directiva y que, con base en la jurisprudencia del Tribunal de Justicia, puede ser desconocida por los jueces nacionales. De este modo, los créditos públicos podrán resultar afectados por un plan de reestructuración aun cuando no satisfagan los requisitos establecidos en la ley (v. *infra* § 4.5). Cerraremos esta sección examinando las consecuencias que podrían extraerse para las reestructuraciones de los argumentos presentados por Portugal en la declaración realizada con ocasión de la aprobación de la directiva para justificar la exclusión del crédito público de la exoneración del pasivo insatisfecho (v. *infra* § 4.6).

4.1. LA REGLA ESPECIAL DEL CRÉDITO PÚBLICO

Como es sabido, la Ley concursal permite delimitar de manera flexible el perímetro de afectación del plan de reestructuración. En este marco, establece una regla general de acuerdo con la cual cualquier crédito, incluidos los contingentes y los que se encuentren sometidos a condición, puede quedar afectado por la reestructuración. A salvo quedan las excepciones previstas legalmente (art. 616.2, párrafo primero LC). Sin embargo, para el crédito público se ha introducido una *regla especial* de acuerdo con la cual sólo puede quedar afectado si se satisfacen dos condiciones: la primera es que el deudor ha de estar al corriente en el cumplimiento de sus obligaciones tributarias y con la Seguridad social tanto en el momento de la comunicación al juzgado del inicio de las negociaciones, como al tiempo de solicitar la homologación del plan; y la segunda es que los créditos a los que se pretende afectar con el plan de reestructuración no pueden tener una antigüedad igual o superior a dos años en el momento en que se comunica al juzgado el comienzo de negociaciones (art. 616.2, párrafo tercero LC). La primera exigencia se aplica a cualquier crédito público y no sólo a los créditos tributarios o de la Seguridad social. El tenor literal de la norma es claro y no distingue entre unos y otros: para afectar a los créditos de derecho público, del tipo que sean, el deudor debe acreditar que está al corriente de pago de esos particulares créditos públicos que aparecen mencionados en la norma —*v.gr.*, los tributarios y los de la Seguridad social—[73]. Y ello con independencia de

[73] Cuando sea un acreedor o un grupo de ellos quienes promuevan la aprobación de un plan o su homologación, la obtención de las certificaciones de estar al corriente de pago de dichas obligaciones puede resultar difícil. De acuerdo con lo dispuesto en el artículo 71.1 b) del Real Decreto 1065/2007, de 27 de julio, por el que se aprueba el Reglamento General de las actuaciones y los procedimientos de gestión e inspección tributaria y de desarrollo de las normas comunes de los procedimientos de aplicación de los tributos, las personas interesadas distintas del deudor sólo pueden pedirlos cuando dicha

que los créditos públicos afectados sean de otro tipo. *Ubi lex non distinguit nec nos distinguere debemus*[74]. Además, que no se haya comunicado al juzgado el inicio de negociaciones y que no pueda aportarse certificación alguna de estar al corriente de pago en ese momento no impide que el plan pueda afectar al crédito público. En el artículo 616.2.1º LC el legislador ha contemplado el supuesto habitual en el tráfico (*id quod plerumque accidit*), en el que el deudor hace uso de los dos instrumentos preconcursales que prevé la ley —*v.gr.*, la comunicación de apertura de las negociaciones y la homologación del plan—. Cuando el deudor no hace uso del primero, es evidente que no será necesario acreditar que está al corriente de pago de los créditos públicos afectados en ese momento. Ahora bien, a falta de comunicación, deberá acreditarse tal situación en el momento de solicitar la homologación del plan[75]. El incumplimiento de este requisito será causa de denegación de la solicitud de homologación al no acompañarse como contenido del plan que se pretende homologar la certificación requerida (arts. 633.12ª y 638.2º LC).

> Por cierto, la exigencia de estar al corriente en el cumplimiento de las obligaciones tributarias y de la Seguridad social *se aplica a todas las obligaciones tributarias del deudor* (*v.gr.*, estatales, forales, autonómicas y locales). De hecho, así resulta de lo dispuesto en el Real Decreto 1098/2001, de 12 de octubre, por el que se aprueba el Reglamento general de la Ley de Contratos de las Administraciones Públicas, donde, entre otras circunstancias, se entiende que el deudor se encuentra al corriente en el cumplimiento de las obligaciones tributarias a los efectos de lo dispuesto en la referida ley cuando, por una parte, no tiene deudas tributarias con el Estado en periodo ejecutivo o, en el caso de contri-

---

petición esté prevista en una ley o cuando cuenten con el previo consentimiento del obligado tributario.

[74] Sin embargo, se manifiesta en contra de extender la exigencia de estar al corriente de pago de las obligaciones tributarias y de la Seguridad social a los demás créditos públicos GALLEGO CÓRCOLES, ADCo, 60 (2023), III.2.

[75] *Ibid.*, III.2.

buyentes contra los que no proceda la utilización de la vía apremio, deudas no atendidas en período voluntario [artículo 13.1 d)], y por otra, "[...] cuando el órgano de contratación dependa de una Comunidad Autónoma o de una Entidad local" en el supuesto de que no tenga deudas tributarias "[...] con la respectiva Administración autonómica o local, en las mismas condiciones fijadas en el párrafo d)". Por lo tanto, el deudor habrá de recabar el correspondiente certificado de todas las haciendas respecto de las cuales tenga la consideración de obligado tributario. En el caso de la Hacienda estatal corresponderá a la AEAT emitir dicho certificado (art. 616.2.1º LC), mientras que en el caso de las haciendas forales, la tarea corresponderá al departamento correspondiente de estas (D.A 1ª LC). A pesar del silencio de la ley, lo mismo hay que entender que sucede en el caso de las haciendas autonómicas y locales. La referencia del artículo 616 2.1º tan sólo a "las certificaciones emitidas por la Agencia Estatal de Administración Tributaria" se explica porque en un buen número casos las haciendas autonómicas y las locales tienen suscrito un convenio de colaboración con aquella para la recaudación de los créditos tributarios y, por lo tanto, será ella quien las expida (v. *supra* § 2.2). Sin embargo, cuando no tengan suscrito dicho convenio, deberán ser las haciendas autonómicas o locales respecto de las cuales el deudor tenga la consideración de obligado tributario quienes lo hagan. Cuestión distinta es que una exigencia como esta, de estar al corriente de pago de las obligaciones tributarias y de la Seguridad social, se encuentre justificada en el marco de la reestructuración. Como vamos a ver, no lo está y es contraria a la directiva (v. *infra* § 4.5).

Con relación a la segunda exigencia, en ausencia de comunicación al juzgado de inicio de negociaciones con los acreedores, la antigüedad del crédito sigue siendo relevante. La voluntad del legislador es impedir que los créditos públicos objeto de reestructuración tengan una antigüedad igual o superior dos años en el momento en que se recurre al instrumento de reestructuración. Esa antigüedad se calcula tomando como referencia dos fechas: por una parte, la fecha del devengo y, por otra, la fecha de la comunicación del inicio de las negociaciones que es la que corresponde al instrumento preconcursal que opera en primer lugar. El problema se plantea cuando, siendo voluntario, el deudor no hace uso de este instrumento. Entonces, la finalidad de la norma obliga a suplir el silencio del legislador tomado como fecha relevante para el cómputo de la antigüedad la fecha en la que se solicita el otro instrumento preconcursal, esto es, la homologación del plan. Esta es, entonces, la fecha que debe tomarse como referencia para medir la antigüedad del crédito público que pretende ser afectado por plan de reestructuración[76].

Estas dos condiciones son *cumulativas*, de modo que, estando el deudor al corriente del pago de las obligaciones tributarias y de la Seguridad social, sólo los créditos públicos que tengan una antigüedad inferior a dos años podrán quedar afectados por un plan de reestructuración. Por lo tanto, se podrán reestructurar en el plan los créditos tributarios y frente a la Seguridad social de antigüedad inferior a dos años que no sean exigibles ni al tiempo de la comunicación de inicio de negociaciones, ni al tiempo de la solicitud de la homologación —p.ej., porque se han beneficiado ya de un aplazamiento en el pago cuya duración no extiende la antigüedad del crédito más allá de dos años, calculada desde la fecha del devengo—, así como los demás créditos públicos ya devengados que tengan una antigüedad inferior a dos años. En ausencia de toda mención al respecto, no quedan excluidos de la posibilidad de ser afectados por el plan aquellos créditos públicos que, sin embargo, no pueden beneficiarse de los procedimientos de aplazamiento y fraccionamiento en los pagos —p.ej., los créditos resultantes de las obligaciones a cumplir por el retenedor o el obligado a realizar pagos a cuenta; los procedentes de la ejecución de decisiones de recuperación de ayudas de Estado, etc. (art. 65.2 LGT y art. 23 LGSS)—[77].

---

[76] En cambio, *ibid.*, III.2, considera que en esos supuestos no se exige antigüedad.

[77] *Ibid.*, III.3.

El mismo tratamiento resulta de aplicación al *plan de continuación de las microempresas*, pues, como regla general, podrán ser afectados por dicho plan los créditos que puedan serlo por un plan de reestructuración conforme a lo dispuesto en el libro II (art. 698.2 LC)[78]. Sin embargo, en este caso, la exclusión es más amplia, pues el plan no puede afectar a la parte de los créditos públicos que tengan la consideración de privilegiados, ni a los porcentajes por las cuotas de la Seguridad social en los términos indicados en la ley (art. 698.3 LC). Asimismo, de manera análoga a lo que sucede respecto de la homologación del plan de reestructuración, para homologar un plan de continuación el deudor ha de encontrarse al corriente en el pago de las deudas tributarias y de la Seguridad social devengadas que hayan surgido tras la solicitud de apertura del procedimiento especial de continuación (art. 698.6.7º bis LC). La exclusión del crédito público en estos casos contrasta con lo que sucede en otros ordenamientos, donde las negociaciones acerca de cómo se satisfarán las obligaciones tributarias suele constituir el objetivo principal de la reestructuración de negocios pequeños y familiares[79]. Por lo demás, el hecho de que los créditos públicos insatisfechos representen un porcentaje significativo del pasivo del deudor se considera un hecho revelador de un grave deterioro patrimonial que impide la reestructuración. En concreto, cuando más del 85% del pasivo del deudor corresponda a acreedores públicos, el procedimiento de microempresas sólo podrá tramitarse como un procedimiento de liquidación (art. 686.4 LC).

---

78 En cambio, AZOFRA, *Comentario art. 616 LC*, II[3], p. 993 entiende que en el procedimiento de microempresas no resulta de aplicación a los créditos públicos la exigencia de la antigüedad, a pesar de que esta se recoge en la definición de créditos afectados contemplada en el artículo 616.2 LC.

79 Respecto del *Chapter 11* estadounidense, v. B. ADLER/A.J. CASEY/E. MORRISON, *Baird & Jackson's Bankruptcy. Cases, Problems, and Materials*, 5ª edición, Foundation Press, Nueva York, 2020, p. 781.

4.2. DE LA REGLA ESPECIAL A LA EXCLUSIÓN

Esta regla especial modifica sobre el papel la solución contemplada en el Anteproyecto de ley, que excluía al crédito público de la afectación por el plan de reestructuración (art. 619.2), en línea con lo dispuesto anteriormente respecto de los acuerdos de refinanciación homologados (arts. 606.2 y 616 LC, en su redacción anterior a la Ley 16/2022)[80]. Sin embargo, las condiciones a las que se sujeta la posibilidad de afectar al crédito público no son fáciles de cumplir por un deudor que se encuentra en una situación de insolvencia. Es sobradamente conocido que los primeros créditos que los deudores dejan de pagar cuando se encuentran en dificultades son, por una parte, los créditos tributarios y de la Seguridad social, y por otra, los créditos salariales[81]. Esto puede tener como resultado que los cré-

---

80 Para justificar esta norma se invocaba la indisponibilidad del crédito público (art. 65.1 LGT) y el carácter transitorio de las dificultades. Así, v. J. PULGAR, "Comentario del artículo 616 TRLC", en J. PULGAR (dir.), *Comentario a la Ley concursal. Texto Refundido de la Ley concursal*, t. II, 2ª edición, Wolters Kluwer La Ley, Madrid, pp. 306-317, p. 312. No obstante, esta justificación no parece suficiente dado que el crédito público ordinario sí podía quedar afectado por las quitas y las esperas previstas en un convenio concursal. Asimismo, es dudoso que se tratara de dificultades meramente transitorias cuando, a través de esos acuerdos, podían abordarse situaciones de insolvencia actual o inminente. Crítico con la misma se mostraba B. ARRUÑADA, "Malas leyes. Aplicación al Derecho concursal", en A. VEIGA (dir.)/M. MARTÍNEZ (coord.), *El acreedor en el derecho concursal y preconcursal a la luz del Texto refundido de la Ley Concursal*, Civitas, Thomson Reuters, Cizur Menor, 4.2.5, disponible también en https://arrunada.org/files/research/ARRUÑADA%202020%20Malas%20leyes%20con%20aplicación%20a%20Concursal%20Civitas.pdf, para quien esta solución permitía acordar un trato más beneficioso a los acreedores con mayor poder político y mejor informados sobre los beneficios que les reportaba a ellos mismos el cambio legislativo, como es el caso de los créditos públicos.

81 J.M. GARRIDO/C. DELONG/A. RASEKH/A. ROSHA, "Restructuring and Insolvency in Europe: Policy Options in the Implementation of the EU Directive", *IMF Working Paper*, WP/21/152, 2021, p. 6, disponible en https://www.imf.org/en/Publications/WP/

ditos públicos queden en la mayor parte de los casos fuera del perímetro de afectación del plan de reestructuración[82]. De hecho, así lo reconoce el propio legislador en la Exposición de motivos de la Ley 16/2022, cuando afirma que el crédito público constituye una de las excepciones a la definición general del pasivo susceptible de afectación por el plan[83].

En realidad, exigir que el deudor esté al corriente del pago de sus obligaciones tributarias y con la Seguridad so-

---

Issues/2021/05/27/Restructuring-and-Insolvency-in-Europe-Policy-Options-in-the-Implementation-of-the-EU-50235.

82 Este riesgo fue señalado por distintos grupos parlamentarios durante la tramitación del Proyecto de ley. Al respecto, v. la enmienda nº 72, presentada por el Grupo Parlamentario Vasco; la enmienda nº 154, presentada por el Grupo Parlamentario Plural, y la enmienda nº 237, presentada por el Grupo Parlamentario Republicano. En la doctrina, señalan la capacidad de esta disposición de obstaculizar la inclusión del crédito público en los planes de reestructuración, F.J. MORENO BUENDÍA, "El alcance de los planes de reestructuración: los créditos afectados", en A. DÍAZ MORENO/F.J. LEÓN SANZ/J. BRENES/S. RODRÍGUEZ (dirs.), *La reestructuración como solución de las empresas viables*, Aranzadi, Cizur Menor, 2022, pp. 295-329, p. 308; CERDÁ, *El nuevo marco* jurídico, p. 18, e I. VILLORIA RIBERA, "Arrastre de los acreedores disidentes", en A. COHEN (dir.), *El nuevo marco jurídico de la reestructuración de empresas en España*, Thomson Reuters, Cizur Menor, 2023, p. 13. Para GARCÍA-CRUCES, *De Iure Mercatus*, p. 4290 la norma revela la voluntad del legislador de dejar a estos créditos fuera de las reestructuraciones.

83 Apartado III: "La única excepción al principio de universalidad del pasivo susceptible de afectación son los créditos públicos, los créditos laborales, los alimenticios y los extracontractuales". Entiende, sin embargo, CERDÁ, *El nuevo marco jurídico*, p. 20, que se trata de un desajuste derivado de la falta de adaptación de la Exposición de motivos a la modificación introducida durante la tramitación parlamentaria del Proyecto de ley. A nuestro juicio, tal desajuste no existe. Incluso tras la modificación introducida durante la tramitación parlamentaria del proyecto, han quedado fuera del perímetro teórico de afectación del plan de reestructuración los créditos públicos que no satisfagan las condiciones previstas en el artículo 616.2 LC. Esto sigue constituyendo una excepción al régimen general que, aunque se presenta formalmente de manera más limitada, materialmente está llamada a dejar fuera de las reestructuraciones a los créditos públicos en la mayor parte de las ocasiones.

cial tanto en el momento de la comunicación al juzgado del inicio de las negociaciones, como al tiempo de solicitar la homologación del plan, resulta *problemático* por varias razones. En primer lugar, cuando exista un interés en reestructurar determinado pasivo público dentro del plan, esta exigencia *confiere poderosos incentivos al deudor para mantenerse al corriente de pago de los referidos créditos públicos hasta el momento de solicitar la homologación.* Sólo así se podrán reestructurar en el plan los demás créditos públicos ya devengados que cumplan las condiciones que establece la ley. Esto obliga al deudor a destinar parte del valor existente en su patrimonio a pagar los créditos tributarios y de la Seguridad social exigibles para poder someter a los restantes créditos públicos a reestructuración. De este modo, *se redistribuye valor en beneficio de estos créditos al posibilitar que sean íntegramente satisfechos, con independencia de cuál sea su rango* —privilegiados, ordinarios o subordinados—, *antes que los créditos privados de mejor condición que resulten afectados por la reestructuración*[84]. Las consecuencias de estas decisiones redistributivas son de sobra conocidas: ex ante, *aumentan los costes de obtener financiación,* en la medida en que los acreedores privados anticiparán esta situación y previsiblemente endurecerán las condiciones para concederla —p.ej., exigiendo la constitución de garantías que no se vean afectadas por el pago de dichos créditos; exigiendo mayores intereses que les compensen de ese riesgo, etc.—, mientras que, *ex post, aumentan los costes de la reestructuración* en los términos que expondremos a continuación.

La segunda razón por la que esta solución resulta problemática es que *cuando el deudor no pueda mantenerse al corriente de pago de sus obligaciones tributarias y con la Seguridad social en los términos indicados* —algo que no será extraño a la vista de lo que se ha señalado anteriormente—, *deberá reestructurar todo el pasivo público al margen del plan,* negociando con sus titulares aplazamientos o fraccionamientos

---

84 LADÓ, I&R, 7 (2022), p. 204, entiende que, de este modo, se privilegia a los créditos públicos sobre los privados en sede preconcursal.

de los pagos en el marco de los procedimientos especiales previstos en la ley (art. 65 LGT, que respecto del crédito tributario habrá de ajustarse a lo establecido en la disposición adicional 11ª de la Ley 16/2022, y art. 23 TRLGSS)[85]. Sin embargo, a nuestro juicio, en esta situación, no hay razones para excluir a los créditos públicos de la afectación por un plan de reestructuración. En primer lugar, maximizar la recuperación de los créditos públicos con soluciones como la expuesta responde al *interés particular de un determinados acreedores* —el Estado, las comunidades autónomas y los entes locales— que, como sucede con los intereses de los acreedores privados cuando se realizan por separado, exacerba el dilema del caladero común característico de las situaciones de insolvencia —probable, inminente o actual— y pone en peligro el objetivo de maximizar el valor conjunto de los derechos de crédito que también informa los marcos de reestructuración preventiva[86]. En segundo lugar, la negociación de aplazamientos y fraccionamientos con los acreedores públicos al margen de una estrategia coordinada de reestructuración, como la que ofrece el plan, puede *"enmascarar" las dificultades financieras del deudor*, al llegar a arreglos que le permiten ir satisfaciendo determinados créditos —los públicos—, e impedir que dichas

---

85 Esto es, precisamente, lo que sucedía en el plan de reestructuración de Xeldist Congelados, dueña de la cadena de tiendas *Hiperxel*. El acta de protocolización de este plan puede consultarse en https://www.hiperxel.com/wp-content/uploads/2022/11/acta-de-protocolizacion-de-plan-de-reestructuracion-2022-11-25-acta-de-protocolizacion-de-plan-de-reestructuracion.pdf. Sin embargo, tras prosperar las impugnaciones presentadas contra el auto de homologación por algunos de los acreedores, Xeldiest solicitó la declaración de concurso de acreedores (https://www.poderjudicial.es/cgpj/es/Poder-Judicial/Tribunales-Superiores-de-Justicia/TSJ-Galicia/Noticias-Judiciales-TSJ-Galicia/-El-juzgado-declara-en-concurso-voluntario-de-acreedores-a-Xeldist-Congelados).

86 Sobre el dilema del caladero común, es obligada la cita de T.H. JACKSON, *The Logic and Limits of Bankruptcy Law*, Harvard University Press, Cambridge-Londres, 1986, pp. 10-13. Respecto de las reestructuraciones, v. N. TOLLENAAR, *Pre-insolvency Proceedings. A Normative Foundation and Framework*, OUP, Oxford, 2019, pp. 70-71.

dificultades sean tratadas a tiempo[87]. En tercer lugar, reestructurar los créditos públicos a través de distintos procedimientos *singulares aumenta los costes de reestructurar el pasivo del deudor*, pues se requieren mayores recursos en términos de tiempo y esfuerzo para coordinar las negociaciones y los contenidos del plan con los acuerdos que puedan alcanzarse con las distintas administraciones públicas (*v.gr.*, AEAT, TGSS, etc.)[88]. Entre otras cosas, obliga a ser particularmente cuidadosos con la coordinación temporal de la negociación del plan y la tramitación del procedimiento de aplazamiento y fraccionamiento, pues sujeta la concesión de este último en sede preconcursal a que el plan no se haya formalizado en instrumento público (DA 11ª.1 ley 16/2022). Con todo ello, se disipa valor en perjuicio de los demás acreedores en abierto contraste con la necesidad, reconocida por la directiva de "[...] disminuir los costes de la reestructuración, tanto para los deudores como para los acreedores"[89]. En cuarto lugar, esta solución *blinda la posición del crédito público en el escenario de la reestructuración*, pues al quedar fuera del alcance plan *no se le podrá imponer ninguna medida en contra de la voluntad de sus titulares.* Estas medidas se encuentran, además, limitadas a las que se establecen en la regulación del aplazamiento y fraccionamiento de los pagos para el caso de que se haya comunicado al juzgado el comienzo de negociaciones con los acreedores y sólo resultan aplicables a determinados créditos (v. D.A.

---

87 F. PÉREZ CRESPO, "La Ley 16/2022 y las medidas para mejorar la eficiencia en los procedimientos concursales: planes de reestructuración y el convenio concursal", I&R, nº 7, 2022, pp. 317-355, p. 337; GARCÍA-CRUCES, *De Iure Mercatus*, p. 4290.

88 Así, por ejemplo, con relación al derecho anterior, J. ALMOGUERA, "La actuación de los acreedores públicos frente a un empresario en crisis", RcP, nº 15, 2011, pp. 167-181, p. 179, apuntaba que los acuerdos de aplazamiento y fraccionamiento podían vincularse a un acuerdo general de refinanciación como condición suspensiva de eficacia de este. Respecto de las reestructuraciones, GARCÍA-CRUCES, *De Iure Mercatus*, p. 4289 y GALLEGO CÓRCOLES, ADCo, 60 (2023), III.4 coinciden en señalar los mayores costes que representa para el deudor tener que llevar a cabo una doble negociación.

89 Considerando 15.

11ª Ley 16/2022 y art. 65.2 LGT, respecto de los créditos tributarios, y art. 23 TRLGSS, respecto de los créditos de la Seguridad social)[90]. Sin embargo, la imposición de medidas más intensas que las previstas en dicho régimen puede ser necesaria para desapalancar la empresa y asegurar su viabilidad. De no hacerlo, se corre el riesgo de que una reestructuración eficiente pueda fracasar. Este riesgo resulta particularmente grave en el caso de empresas en las que una parte significativa del pasivo sean créditos públicos, como, por ejemplo, podría suceder con aquellas que han recibido ayudas otorgadas por el Fondo de Apoyo a la solvencia de empresas estratégicas[91]. El fracaso de estas reestructuraciones conduciría a la frustración de los objetivos perseguidos con dichas ayudas —*v.gr.*, asegurar la continuidad de empresas valiosas en una crisis exógena como la derivada de la pandemia de COVID, el mantenimiento de los empleos, etc.—, y al consiguiente despilfarro de los recursos públicos invertidos con tal propósito.

---

90 Así, frente a lo que sucedería en un plan de reestructuración, entre otros, no podrían beneficiarse de un aplazamiento o fraccionamiento en los pagos los créditos resultantes de las obligaciones a cumplir por el retenedor o el obligado a realizar pagos a cuenta, los procedentes de la ejecución de decisiones de recuperación de ayudas de Estado, o los derivados de las obligaciones tributarias que deba cumplir el obligado a realizar pagos fraccionados del Impuesto sobre Sociedades (art. 65.2 LGT).

91 De acuerdo con la información publicada por la SEPI, se han beneficiado de estas ayudas las siguientes empresas: Air Europa, Ávoris Corporación Empresarial, Plus Ultra Líneas Aéreas, Duro Felguera, Tubos Reunidos, Rugui Steel, Hotusa, Grupo Airtificial, Grupo Serhs y Reinosa Forgings & Castings, Grupo Losán, Grupo Soho Boutique Hoteles, Grupo Abades, Técnicas Reunidas, Grupo Wamos, Eurodivisas S.A, Grupo Ferroatlántica S.A.U, Grupo Inversor Hesperia (GIHSA), Grupo Abba, Grupo Julià, Grupo Mediterránea, Air Nostrum, Volotea, Vicina, Celsa España, ISASTUR, Vivanta, Imasa, Meeting Point, y Blue Sea. Entre 2026 y 2029 está previsto que se proceda al reembolso del grueso de estas ayudas. Así, v. https://www.sepi.es/es/sala-de-prensa/noticias/el-fondo-de-apoyo-la-solvencia-de-empresas-estrategicas-recibe-la. Sobre la calificación de estos créditos como ingresos públicos a los efectos de beneficiarse de las prerrogativas correspondientes a estos, v. *supra* § 2.1.

Además de lo anterior, la solución seguida para las reestructuraciones entra en *contradicción con lo dispuesto en sede de convenio respecto del crédito público*[92]. Resulta difícil de entender que el crédito público no privilegiado —*v.gr.*, ordinario y subordinado— quede afectado por un convenio concursal —que no es más que una forma de reestructurar una empresa insolvente en el marco de un procedimiento formalizado—, con independencia de que el deudor se encuentre al corriente de pago de sus obligaciones tributarias y de la Seguridad social o de la antigüedad del crédito (v. arts. 317.2 *in fine* y 396 LC), y que, sin embargo, estas circunstancias sean determinantes para excluir al crédito público, cualquiera que sea su rango, del perímetro de afectación de un plan de reestructuración[93]. Y algo parecido cabe decir respecto de los créditos públicos de carácter privilegiado a los que, en sede de convenio, se les reconoce expresamente la posibilidad de adherirse de manera voluntaria a dicho acuerdo con la autorización de los órganos competentes y con independencia de la concurrencia de las circunstancias antes referidas (art. 357 LC y arts. 10.3 LGP y 164.4 LGT)[94].

---

92 En términos similares, GARCÍA-CRUCES, *De Iure Mercatus*, pp. 4290-4291.

93 Es más, LADÓ, I&R, 7 (2022), p. 179, considera que la participación del crédito público en el convenio concursal puede ser beneficiosa para la Hacienda Pública, al permitirle "[...] defender mejor su expectativa de cobro, al igual que cualquier otro acreedor". Siendo esto así, dicha solución debería ser igualmente aplicable a las reestructuraciones.

94 Sin embargo, Ladó explica que, frente a la opción de autorizar las adhesiones a los convenios concursales, la Instrucción 3/2014, de 19 de noviembre, de la Directora del Departamento de Recaudación de la AEAT incentiva la negociación con los deudores de acuerdos singulares de pago. Estos acuerdos singulares con el deudor no pueden contener condiciones que sean más favorables para éste que las recogidas en el convenio (arts. 10.3 LGP y 164.4 LGT). *Ibid.*, p. 180.

4.3. ¿TIENE SENTIDO REESTRUCTURAR EL PASIVO PÚBLICO?

La pregunta que se plantea de inmediato es si tiene sentido reestructurar el pasivo público insatisfecho cuando, como es sabido, los impuestos o las cotizaciones a la Seguridad social constituyen una parte nada desdeñable del pasivo operativo o de explotación *(operating liabilities)* que un negocio genera de manera automática por el mero hecho de estar funcionando. En esta situación, cabría pensar que el negocio no tiene valor como empresa en funcionamiento (*as a going concern*), pues lo que produce no cubre el pasivo que genera de manera necesaria y no resultaría, entonces, viable económicamente. Siendo esto así, la cuestión que abordamos en este trabajo —*v.gr.*, la posibilidad de reestructurar los créditos públicos a través del plan— carecería de sentido, ya que la empresa en cuestión no podría ser objeto de reestructuración. Como es sabido, esta tiene como destinatarios naturales a empresas que, aunque son inviables financieramente, resultan viables económicamente[95].

Ciertamente, la imposibilidad de atender al pago de impuestos y cuotas de la Seguridad social puede constituir un indicador de un grave deterioro patrimonial de una empresa. En concreto, el *sobreseimiento generalizado* en el pago de las obligaciones tributarias exigibles o de las cuotas de la Seguridad social y demás conceptos de recaudación conjuntos durante tres meses constituye, en sede de concurso, un hecho revelador de la insolvencia del deudor (art. 2.4.5° LC)[96]. Visto lo anterior, un impago significativo —y no cualquier impago— de los créditos públicos podría también considerarse un indicio de la *falta de viabilidad* de la

---

95 Tomamos prestada la expresión de F. GARCIMARTÍN, "El derecho preconcursal: una visión general", ADCo, n° 57, 2022, V (versión Proview).

96 Por todos, v. A. ROJO, "Comentario del artículo 2 LC", en A. ROJO/E. BELTRÁN (dirs.), *Comentario de la Ley concursal*, t. I, Madrid, Civitas, 2004, pp. 164-193, p. 189.

empresa en dificultades que pudiera impedirle beneficiarse de un plan de reestructuración. De hecho, en la directiva, la existencia de *impagos importantes* con respecto a los trabajadores o a las administraciones tributarias o de la Seguridad social se considera reveladora del comportamiento típico de alguien que no puede pagar las deudas vencidas y permite a los Estados miembros establecer una presunción *iuris tantum* —y, por lo tanto, refutable— de incapacidad de pago que impide al deudor obtener la paralización de las ejecuciones para negociar un plan de reestructuración[97]. Frente a esto, el legislador español se ha limitado a considerar que el hecho de no estar al corriente de pago de los créditos públicos constituye en todo caso un impedimento para que aquellos puedan resultar afectados por el plan. Y lo hace con independencia de que el impago sea importante o no y, por lo tanto, de que revele realmente que la empresa carece de viabilidad económica.

El mero hecho de que una empresa no se encuentre al corriente de pago de los créditos públicos no puede llevarnos a entender que no es reestructurable. No es infrecuente que, para mantenerse a flote, las empresas en dificultades traten de hacer frente al pago de determinadas obligaciones sacrificando el de otras, como puedan ser los impuestos y demás deudas con las administraciones y organismos públicos. Ello puede deberse a que su reacción frente al incumplimiento suele tardar más en llegar y, sobre todo, ser menos grave para el negocio que la de otros acreedores. Se explica así que los créditos públicos sean las obligaciones que primero se dejan de pagar y, a la vista de ello, se ha propuesto utilizar esa información como un instrumento

---

97 Considerandos 32 y 33. Sobre el valor interpretativo de los considerandos, así como de su capacidad para precisar el contenido de las disposiciones del acto normativo, v. SSTJ de 26 de marzo de 2020, Hungeod Közlekedésfejlesztési, Földmérési, Út- és Vasúttervezési Kft., Sixense Soldata, Budapesti Közlekedési Zrt. y Közbeszerzési Hatóság Közbeszerzési Döntőbizottság, asuntos C-496/18 y C-497/18 (*Tol 7849917*), apartados 69-70, y de 21 de marzo de 2024, LEA y Jamendo, SA, C-10/22 (*Tol 9944253*), apartado 51.

que alerte de manera temprana de las dificultades financieras del deudor[98]. Pues bien, atendiendo a lo anterior, lo que esa situación de impago revela no es necesariamente que la empresa sea incapaz de generar valor suficiente para cubrir su pasivo operativo. También puede indicar que simplemente atraviesa problemas de liquidez u otro tipo de dificultades que trata de sortear dejando de satisfacer aquellas obligaciones cuyo incumplimiento no es previsible que tenga consecuencias letales para ella —p.ej., la pérdida de los suministros necesarios para continuar con la actividad empresarial; la pérdida de financiación, etc.—. Luego no puede entenderse que el mero impago de los créditos públicos sea necesariamente revelador de una situación de falta de viabilidad económica de la empresa que impida su reestructuración. De hecho, tampoco lo entiende así el legislador que permite al deudor negociar aplazamientos y fraccionamientos de los créditos tributarios, incluso en periodo ejecutivo, cuando el deudor no pueda hacer frente de manera transitoria al pago de esas obligaciones (art. 65.1 LGT). Siendo esto así, tiene sentido que la reestructuración también pueda afectar al crédito público cuyo pago no resulte posible atender cuando se trata de una empresa que vale más reestructurada que liquidada y esa afectación es necesaria para asegurar su viabilidad.

El hecho de que el deudor pueda encontrarse en situación de insolvencia no cambia la conclusión. A diferencia de lo previsto en la norma europea, la Ley concursal también permite negociar y homologar un plan de reestructuración a empresas que se encuentran en los puntos más bajos de la curva de deterioro patrimonial, como son las situaciones de insolvencia actual o inminente. Para ello, es necesario que la reestructuración "[...] ofrezca una perspectiva razonable de evitar el concurso y asegurar la viabilidad de la empresa en el corto y medio plazo" (art. 638.1°

---

98 GARRIDO/DELONG/RASEKH/ROSHA, *IMF Working Paper*, WP/21/152, 2021, p. 6.

LC)[99]. En consecuencia, si en una situación de insolvencia la reestructuración del pasivo público y privado de la empresa permite hacerla viable de cara al futuro, no se ve por qué razón el crédito público ha de quedar fuera de esta operación que habría de permitir a la empresa seguir operando el negocio normalmente.

> Cuestión distinta es que, particularmente en situaciones de probabilidad de insolvencia, el deudor pueda plantearse llevar a cabo una reestructuración sectorial que sólo afecte a determinados créditos respecto de los que se plantean los problemas, y se mantenga al corriente de pago de los demás (p.ej., proveedores o créditos públicos). Esta solución tiene todo el sentido si a la vista de las circunstancias concretas del caso resulta innecesario afectar a este pasivo para sacar adelante la reestructuración. Sin embargo, no es susceptible de ser generalizada a cualquier supuesto. Por ello, lo más conveniente es que la ley permita con carácter general afectar a estos créditos y deje en cada caso en manos de los proponentes del plan la decisión de afectarlos.

4.4. LA COMPATIBILIDAD CON EL RÉGIMEN DE AYUDAS DE ESTADO

Frente a la posibilidad de afectar al crédito público por un plan de reestructuración se ha invocado el riesgo de que esto pudiera constituir una ayuda de Estado (arts. 107 y 108 TFUE)[100]. Sin embargo, la afectación del crédito público por un convenio concursal *no plantea necesariamente proble-*

---

99 Para una justificación de la solución en términos de reducción del riesgo de destrucción de valor que el concurso impone a las empresas viables, v. F. GARCIMARTÍN, "Sobre el nuevo régimen aplicable a los planes de reestructuración", *I&R*, nº 7, 2022, pp. 51-91, p. 56.

100 Así lo insinúa el órgano proponente del Anteproyecto de ley en su respuesta a las observaciones del Consejo General del Poder Judicial, recogidas en el Dictamen del Consejo de Estado, pp. 87-88. En la doctrina, v. J. PULGAR, "Comentario del artículo 654 LC", en J. PULGAR (dir.), *Comentario a la Ley Concursal*, t. II, 3ª edición, La Ley, Madrid, 2023, pp. 1304-1337, p. 1331.

mas de compatibilidad con el régimen de ayudas públicas. Como *tampoco los plantea su afectación por un plan de reestructuración.* De acuerdo con la jurisprudencia del Tribunal de Justicia de la Unión europea, el sometimiento de los créditos públicos a un procedimiento concursal —con la pérdida de ingresos públicos que esto comporta— no basta, por sí mismo, para calificar dicho régimen de ayuda de Estado[101]. En efecto, para que una medida adoptada por un Estado miembro pueda ser considerada ayuda de Estado en el sentido de lo dispuesto en el art. 107.1 TFUE, esta ha de satisfacer una serie de requisitos: primero, que la medida en cuestión confiera directa o indirectamente al beneficiario una *ventaja mediante fondos estatales que sea imputable al Estado*; segundo, que *el beneficiario no hubiera obtenido facilidades comparables de un acreedor privado,* y tercero, que la medida *pueda afectar a los intercambios entre los Estados miembros y falsear la competencia*[102]. Pues bien, el Tribunal ha entendido

101 SSTJ de 1 de diciembre de 1998, Ecotrade Srl y Altiforni e Ferriere di Servóla SpA (AFS), C-200/97 (*Tol 103849*), apartado 36, y de 12 de octubre de 2000, España c. Comisión, C-480/98 (*Tol 105533*), apartado 18. Cuestión distinta es que el procedimiento concursal en cuestión esté diseñado para ser aplicado "*de forma selectiva en favor de grandes empresas industriales en dificultades* que tengan una posición deudora particularmente elevada para con determinadas categorías de acreedores, en su mayor parte de naturaleza pública" (STJ Ecotrade Srl, C-200/97, apartado 38; énfasis añadido). Más detalladamente, v. STJ de17 de junio de 1999, Industrie Aeronautiche e Meccaniche Rinaldo Piaggio SpA, e International Factors Italia SpA (Ifitalia), Dornier Luftfahrt GmbH, Ministero della Difesa, C-295/97 (*Tol 105124*), apartados 36-43. En ambos casos, las cuestiones prejudiciales se plantearon respecto del procedimiento italiano de administración extraordinaria.

102 Así lo recuerda el Tribunal de Justicia en su sentencia de 18 de mayo de 2017, Fondul Proprietatea SA y Complexul Energetic Oltenia SA, C-150/16 (*Tol 6094054*), apartado 37, en relación con una dación en pago realizada por una sociedad, cuyo accionista único era el Estado, a otra sociedad, cuyo accionista mayoritario era también el Estado, y respecto de la que se decidió satisfacer una cantidad para saldar la diferencia entre el valor estimado del activo cedido y el importe del crédito. A los efectos de determinar cuándo una ayuda pública puede calificarse de ayuda de Estado, resulta también de interés la consulta de la Comunicación de la Comisión relativa al

que ni las facilidades de pago que puedan conceder los acreedores públicos a su deudor en dificultades al margen de los procedimientos concursales formales, ni las quitas y esperas que puedan acordar en el marco de un convenio concursal constituyen ayudas de Estado si cumplen el "test del acreedor privado" y no permiten al deudor obtener del acreedor público ventajas que manifiestamente no hubiera podido obtener de un acreedor privado en circunstancias equivalentes[103]. Frente al test del inversor privado que se maneja como criterio general para la determinación de la existencia de una ventaja económica para el beneficiario de la ayuda, el test del acreedor privado constituye un *criterio particular* para los casos en los que el Estado sea titular de créditos afectados por la medida objeto de examen. En concreto, este test excluye de la evaluación la necesidad de que el Estado deba adecuar su comportamiento al de un inversor privado "que persigue una política estructural, global o sectorial, y se guía por perspectivas de rentabilidad a largo plazo de los capitales invertidos". Esto le permite adoptar o participar en otro tipo de medidas, distintas de las que adoptaría un inversor privado, pero más adecuadas para dar una salida a la situación de crisis en la que se encuentra el deudor —p.ej., quitas parciales de deuda—. Para ello, la decisión ha de ajustarse a criterios de mercado y, en consecuencia, debería haber sido igualmente adoptada por un acreedor privado normalmente prudente y diligente que tratara de realizar su derecho de crédito frente al deudor en circunstancias equivalentes a la vista de las características de dicho derecho —*v.gr.*, existencia de garantías, privilegios— y de la concreta situación de aquél[104].

concepto de ayuda estatal conforme a lo dispuesto en el artículo 107, apartado 1, del Tratado de Funcionamiento de la Unión Europea (2016/C 262/01).

103 En el derecho anterior, v. PULGAR, *Comentario del art. 616 TRLC*, II², p. 311.

104 SSTJ de 29 de abril de 1999, España c. Comisión, C-342/96 (*Tol 105174*), apartado 46; de 29 de junio de 1999, Déménagements-Manutention Transport, SA, C-256/97 (*Tol 105104*), apartados 24-25, y de 24 de enero de 2013, Frucona-Kosice a.s. c. Comisión, C-73/11

En relación con los *acuerdos de aplazamiento* celebrados entre el deudor y los acreedores públicos *en situaciones de insolvencia y al margen de los procedimientos concursales*, el Tribunal de Justicia entendió que el test del acreedor privado no resultaba satisfecho en el caso de unos acuerdos celebrados entre el deudor, de una parte, y el FOGASA y la Seguridad social, de otra, al margen del convenio de suspensión de pagos para obtener el aplazamiento o fraccionamiento de la deuda existente con dichas entidades públicas al abonarse unos intereses moratorios inferiores a los tipos practicados por el mercado[105]. Tratándose de unos aplazamientos concedidos para el pago de las deudas con la Seguridad social belga que habrían permitido a una empresa insolvente continuar sus actividades y no declararse en quiebra, el Tribunal entendió que, en cualquier caso, la medida podría ser considerada ayuda de Estado si no tenía carácter general, sino discrecional y podía favorecer a unas empresas frente otras[106].

Por lo que se refiere a los *procedimientos concursales*, resulta obligada la referencia al asunto Frucona-Kosice, en el que el crédito público correspondiente al Estado eslovaco representaba casi el 99% del pasivo del deudor sobre cuyo patrimonio se había abierto un procedimiento concursal[107]. En este caso, en el que la comparación con la actuación en el concurso de otros acreedores privados quedaba *de facto* excluida, el Tribunal estableció la necesidad de proceder a una *comparación hipotética* de las ventajas acordadas por el Estado al deudor insolvente —básicamente, quitas y esperas— con las ventajas que el deudor hubiera obtenido en circunstancias equivalentes de un acreedor privado. En concreto, afirmó que "[e]sas facilidades de pago constituyen una ayuda de Estado a efectos del

---

P (*Tol 9916787*), apartados 78-79. El Tribunal de Primera Instancia —hoy Tribunal General—, recogió el criterio del acreedor privado en la sentencia de 11 de junio de 2002, Hijos de Andrés Molina, SA c. Comisión, T-152/99, apartados 167-168.

105 STJ de 29 de abril de 1999, España c. Comisión, C-342/96, apartados 46-49.

106 STJ de 29 de junio de 1999, Déménagements-Manutention Transport, SA, C-256/97, apartados 22, 24-30 y dispositivo único de la sentencia.

107 STJ Frucona-Kosice a.s. c. Comisión, C-73/11, apartados 71-73.

> artículo 107 TFUE, apartado 1, si, habida cuenta de la importancia de la ventaja económica concedida de ese modo, es manifiesto que la empresa beneficiaria no hubiera obtenido facilidades comparables de un acreedor privado que se hallara en una situación lo más semejante posible a la del acreedor público y que tratara de obtener el pago de las cantidades que le adeudase un deudor que se encontrara en dificultades económicas"[108]. Esto obliga al acreedor público a comportarse como lo habría hecho un acreedor privado normalmente prudente y diligente y a comparar las ventajas que le reporta el convenio frente a las que obtendría en un procedimiento de liquidación concursal que, además, puede prolongarse en el tiempo[109].

A la vista de lo expuesto, *el sometimiento voluntario de los créditos públicos a un plan de reestructuración no constituirá una ayuda de Estado incompatible con el mercado interior si un acreedor privado titular de un crédito de análogas características hubiera actuado de la misma forma en circunstancias semejantes. Y menos* aún podrá merecer tal consideración *cuando dicha afectación sea el resultado de la imposición forzosa del plan* derivada de la aplicación de las reglas de arrastre entre clases. En este caso, los créditos públicos quedarían afectados por un plan que habría sido aprobado por acreedores privados que tienen algo que perder en la reestructuración y que, para poder ser impuesto a los primeros ha de respetar necesariamente la prueba del interés superior de los acreedores —y, por lo tanto, el derecho de los acreedores públicos a su cuota hipotética de liquidación— (arts. 655.1 y 654.7º LC), así como sus derechos a que no se les imponga un sacrificio desproporcionado (art. 654.6º LC), no se distri-

---

108 *Ibid.*, apartado 72.

109 *Ibid.*, apartados 78-80. En la jurisprudencia posterior, v. SSTJ de 21 de marzo de 2013, Comisión europea c. Buczek Automotive sp. z o.o., C-405/11 P (*Tol 4629958*), apartados 32, 46, 47 y 48; Fondul, C-150/16, apartados 25-26, y de 20 de septiembre de 2017, Comisión europea c. Frucona-Kosice a.s., C-300/16 P (*Tol 6342640*), apartados 59-60. Anteriormente, en la jurisprudencia del Tribunal de Primera Instancia, v. STPI Hijos de Andrés Molina, SA c. Comisión, T-152/99, apartado 168.

buya valor a los acreedores de rango inferior sin que ellos hayan sido íntegramente satisfechos, y a no recibir un trato menos favorable que los créditos que forman parte de otras clases del mismo rango (art. 655.2.3º y 4º LC). En estas circunstancias, no podrá reprochársele al Estado que esté concediendo al deudor una ventaja que no otorgaría un acreedor privado normalmente prudente y diligente que tratase de realizar su crédito frente al deudor en circunstancias equivalentes ya que, por una parte, la afectación del crédito público por el plan no es más que una consecuencia de la decisión de un grupo de acreedores privados de votar a favor del mismo y, por otra, el plan se impone al crédito público en unas circunstancias y condiciones que, en atención a las garantías con las que se adopta, resultaría razonable aceptar para cualquier acreedor privado.

Por lo demás, no tratándose de una ayuda de Estado en el sentido de lo dispuesto en el artículo 107.1 TFUE, no se plantean los problemas que suscitaría su tratamiento como tal. En concreto, no sería necesario notificarla a la Comisión europea al objeto de que determinase su compatibilidad con el mercado interior [arts. 1 a) y 2.1 Reglamento (UE) 2015/1589][110]. En cualquier caso, tampoco resulta necesario notificar aquellas medidas que no superen el límite máximo establecido por el Reglamento *de minimis* —como regla general, respecto de una única empresa, 300.000 euros durante cualquier periodo de tres años (art. 3.2)—, pues se entiende que, en estos supuestos, no se satisfacen los requisitos establecidos en el artículo 107.1 TFUE (art. 3.1)[111]. La razón es que por debajo de dicho límite

110 Reglamento (UE) 2015/1589 del Consejo, de 13 de julio de 2015, por el que se establecen normas detalladas para la aplicación del artículo 108 del Tratado de Funcionamiento de la Unión Europea. Igualmente, en la sentencia dictada en el asunto Fondul, C-150/16, apartados 43-44, el Tribunal de Justicia subraya que sólo hay obligación de notificación previa a la Comisión de la medida en cuestión cuando pueda considerarse que esta constituye una ayuda de Estado en los términos antes indicados.

111 Reglamento (UE) 2023/2831 de la Comisión, de 13 de diciembre de 2023, relativo a la aplicación de los artículos 107 y 108 del Tratado

no cabe entender que la ayuda pública afecte al comercio entre los Estados miembros o falsee o amenace con falsear la competencia[112]. No hay, entonces, riesgo de que la aplicación del régimen de ayudas de Estado a estos supuestos pudiera demorar la adopción del plan de reestructuración y ponerla, con ello, en peligro.

4.5. LA DESVIACIÓN DEL RÉGIMEN DE LA DIRECTIVA Y SU CORRECCIÓN

Al permitir que el crédito público no resulte *de facto* afectado por el plan, el legislador español se aparta de lo dispuesto en la directiva. Según esta, *los créditos públicos*, privilegiados o no, *quedan incluidos dentro del perímetro teórico de afectación del plan de reestructuración.* Buena prueba de que esto es así es que, por una parte, la directiva menciona expresamente a los créditos tributarios y de la Seguridad social como ejemplos de créditos que tienen un *interés propio suficientemente relevante* para justificar su inclusión en una clase distinta[113]; y por otra, indica que los Estados miembros pueden prever que no se apliquen a tales créditos quitas totales o parciales cuando tengan carácter privile-

---

de Funcionamiento de la Unión Europea a las ayudas *de minimis*. Al respecto, v. particularmente los considerandos 1 y 2.

112 Considerando 3.

113 Considerando 44: "Los Estados miembros también deben poder tratar en categorías separadas los tipos de acreedores que carezcan de comunidad de intereses suficiente, como las administraciones tributarias o de seguridad social". De acuerdo con lo anterior, el legislador español ha dispuesto que cuando haya créditos públicos de distintos rangos se crearán clases separadas para los créditos públicos en cada uno de ellos (art. 624 bis LC). Que también puedan establecerse clases para los créditos de los trabajadores (art. 9.4) no desvirtúa el argumento, pues estos podrán quedar afectados por la reestructuración cuando los Estados miembros no hayan hecho uso de la posibilidad de excluirlos de esta que contempla la directiva (art. 1.5). En términos parecidos, GALLEGO CÓRCOLES, ADCo, 60 (2023), II.3.

giado[114]. Además, a diferencia de lo que sucede en el caso de los créditos existentes o futuros de los trabajadores, así como de los créditos por alimentos y por responsabilidad extracontractual del deudor (art. 1.5), la *directiva no ha contemplado ninguna excepción que permita excluir a los créditos públicos del perímetro de afectación del plan de reestructuración*[115]. *Tampoco los ha incluido entre los créditos sobre los que los planes de reestructuración no deben tener impacto* y que la directiva limita a los derechos "de pensión de jubilación devengados" (art. 1.6). Todo lo anterior es consistente con la configuración en la directiva de los marcos de reestructuración preventiva como instrumentos colectivos que, a salvo las excepciones legalmente previstas, pueden afectar a todo tipo de créditos, y no como instrumentos semi-colectivos que sólo operan sobre determinados créditos (*v.gr.*, los créditos por pasivos financieros, tal y como sucedía en el caso de

---

114 Considerando 52: "Como consecuencia de la prueba del interés superior de los acreedores, cuando los acreedores públicos institucionales tengan un estatuto privilegiado con arreglo a la normativa nacional, los Estados miembros pueden establecer que el plan no pueda imponer una cancelación total ni parcial de los créditos de dichos acreedores". Apunta también este argumento, F. AZOFRA, "La suspensión de ejecuciones en el preconcurso tras la ley 16/2022", I&R, nº 7, 2022, pp. 93-127, p. 119.

115 A la misma conclusión llega el Dictamen del Consejo de Estado de 14 de noviembre de 2021, pp. 87-88, emitido respecto del Anteproyecto de Ley concursal que excepcionaba de la afectación por el plan de reestructuración, entre otros, a los acreedores de derecho público. Tal dictamen se encuentra disponible en https://www.mjusticia.gob.es/es/AreaTematica/ActividadLegislativa/Documents/Dictamen%20CE%20firmado%20APL%20Concursal.pdf. Coincidentes, AZOFRA, I&R 7 (2022), pp. 120-121; GALLEGO CÓRCOLES, ADCo, (2023), II.3. También, v. PÉREZ CRESPO, I&R, 7 (2022), pp. 335-336. La posición de la directiva al respecto es clara y consistente. Como luego se verá, no hay ninguna contradicción entre los considerandos 44 y 52 de la directiva y los considerandos 33 y 34 de esta, relativos a la paralización de ejecuciones. De hecho, ninguno de estos considerandos contempla la posibilidad de excepcionar la regla general de paralización de las ejecuciones singulares en atención a la naturaleza pública de los créditos (v. *infra* § 5.3). Sin embargo, entiende que la regulación prevista en la directiva es "ecléctica" y "en ocasiones contradictoria", PULGAR, RDM, 323 (2022), III.5.1.

los acuerdos de refinanciación homologados del derecho anterior)[116].

> A diferencia de lo que ocurre en derecho español, en los ordenamientos de otros Estados miembros la regla general es que los créditos públicos sí pueden resultar afectados por un plan de reestructuración. Esto es, por ejemplo, lo que pasa en derecho neerlandés, donde solo se excluye de la reestructuración a los créditos de los trabajadores (art. 369.4 WHOA). Por lo tanto, el plan puede afectar a los créditos públicos debiendo ser, en tal caso, incluidos en una clase aparte[117]. En derecho alemán, se entiende que tanto los créditos de derecho público —p.ej., las cotizaciones a la Seguridad social—, como los créditos por impuestos son susceptibles de ser afectados por la reestructuración, pues no se mencionan entre los que quedan excluidos de la misma (§ 4 StaRUG)[118]. Para ello se exige que, antes de la presentación del plan a aprobación por los

---

116 R. DAMMANN, "Comentario del artículo 1", en C.G. PAULUS/R. DAMMANN (eds.), *European Preventive Restructuring. Directive (EU) 2019/1023. Article-by-Article Commentary*, Beck-Hart, Múnich-Oxford, 2021, párr. 48-50. Como ya se ha señalado, cuestión distinta es que el deudor decida voluntariamente limitar el perímetro de afectación del plan solo a dichos créditos.

117 Pueden encontrarse algunos ejemplos de afectación del crédito público conforme a la WHOA en https://www.nortonrosefulbright.com/en-it/knowledge/publications/fb3612fb/the-netherlands. En el primer plan, que tenía por objeto la reestructuración de una cadena de gimnasios, el crédito público quedó incluido en una clase propia y se le propuso un plan de pagos que la autoridad fiscal neerlandesa aceptó al considerar que se ajustaba a las líneas directrices que ha elaborado en esta materia. En el segundo plan, que tenía por objeto la reestructuración de un club de fútbol, el crédito público se incluyó en una clase de acreedores preferentes y fue sometido a una quita. De nuevo, la autoridad fiscal votó a favor del plan, como lo hicieron también la mayor parte de las clases de acreedores afectados por el mismo.

118 Por todos, v. M. KNAPP/J.P. WILDE, "Comentario del § 2 StaRUG", en C. MORGEN (ed.), *Kommentar zur Gesetz über den Stabilisierungs- und Restrukturierungsrahmen für Unternehmen*, RWS, Colonia, 2022, RdN. 15 y 17; M. HOFMANN, "Comentario del § 2 StaRUG", en F. JACOBY/C. THOLE (eds.), *Unternehmensstabilisierungs- und -restrukturierungsgesetz: StaRUG*, Beck, Múnich, 2023, RdN. 9-10, y W. PRUSKO, "Comentario del § 2 StaRUG", en R. STÜRNER/H.

interesados —en caso de confirmación judicial, antes de la solicitud de dicha confirmación, y en caso de que se adopten medidas de paralización de ejecuciones, antes de la correspondiente resolución—, concurran los presupuestos de tales obligaciones públicas, así como los requisitos para la recaudación y, en el caso de los tributos, las circunstancias para el devengo y la liquidación[119]. El legislador alemán sólo ha excluido expresamente del ámbito de aplicación de la norma a los créditos laborales, los créditos por responsabilidad extracontractual derivados de actos ilícitos intencionados, así como los créditos por multas y sanciones (§ 4.1. StaRUG)[120]. Mientras los dos primeros casos se ajustan a las exclusiones de la directiva, no sucede lo mismo con el último. La justificación ofrecida para esta exclusión es la indisponibilidad de estos créditos, así como la necesidad de garantizar que se respeta el principio de personalidad de la pena evitando trasladar sobre los demás acreedores las consecuencias de la misma[121]. Sin embargo, por una parte, la directiva no contempla estos créditos entre las excepciones (art. 1.5 y 6) y, por otra, al dejarlos fuera de la reestructuración, pueden ser realizados íntegramente sobre el patrimonio del deudor. De este modo, se trasladan las consecuencias de su pago sobre los demás créditos, al poder afectar a sus posibilidades de cobro, y se produce, entonces, el efecto contrario del buscado. Esto contrasta con lo que sucede en sede de concurso en el que ese objetivo se alcanza a través de la subordinación (§ 39.1.3 InsO)[122].

EIDENMÜLLER/H. SCHOPPMEYER/S. MADAUS (eds.), *Münchener Kommentar StaRUG*, Beck, Múnich, 2023, RdN. 134.

119 KNAPP/WILDE, *Kommentar StaRUG*, § 2 RdN. 15, 17 y 138, pp. 105-106, 145; PRUSKO, *Münchener Komm StaRUG*, § 2 RdN. 97 y 135.

120 Sobre la última, v. PRUSKO, *Münchener Kommentar StaRUG*, § 2 RdN 8, 13 y 16.

121 *Ibid.*, RdN 18; H. RÖGER, "Comentario del § 4 StaRUG", en C. MORGEN (ed.), *Kommentar zur Gesetz über den Stabilisierungs- und Restrukturierungsrahmen für Unternehmen*, RWS, Colonia, 2022, RdN 7 y 8.

122 Por todos, v. U. EHRICKE/C. BEHME, "Comentario del § 39 InsO", en R. STÜRNER/H. EIDENMÜLLER/H. SCHOPPMEYER (dirs.), *Münchener Kommentar zur Insolvenzordnung*, 4ª edición, 2019, Beck, Múnich, RdN 23-25; H. HIRTE, "Comentario del § 39 InsO", en H.

En derecho francés, tampoco se menciona a los créditos públicos entre los que no pueden quedar afectados por el plan (art. L626-30 IV del *Code de Commerce*) y se admite, incluso, que pueda alcanzar a los créditos públicos privilegiados[123]. Por fin, en el derecho italiano, se permite sujetar al crédito público a quitas y a esperas en el marco de un plan de reestructuración. Para ello, el deudor deberá remitir a las autoridades competentes una propuesta de acuerdo (*transazione*) para su aprobación, que deberá acompañar de un informe del experto independiente que ponga de manifiesto la conveniencia de la solución para los acreedores públicos respecto de la que obtendrían en un escenario de liquidación (art. 63.1 del *Codice della crisi d'impresa*). A falta de aceptación por parte de dichas autoridades, el juez podrá imponer el acuerdo en el marco de la homologación cuando ello sea necesario para alcanzar las mayorías previstas legalmente y siempre que los créditos públicos no queden en peor condición que aquella en la que se encontrarían en liquidación (art. 63.2 bis del *Codice della crisi d'impresa*)[124].

HIRTE/H. VALLENDER (dirs.), *Uhlenbruck Insolvenzordnung Kommentar*, t. I, 15ª edición, F. Vahlen, Múnich, 2019, RdN 23.

123 T. MASTRULLO, "Entre modernité et prudence: la transposition en droit français de la directive (UE) nº 2019/1023 du 20 juin 2019 sur la restructuration el l'insolvabilité", *Revue des Sociétés*, juillet-août 2022, pp. 391-405, p. 399. En el informe al Presidente de la República relativo a la ordenanza nº 2021/1193, de 15 de septiembre, por la que se modifica el libro VI del Código de comercio para transponer la directiva 2019/1023, p. 6, se afirma que "En dehors de ces classes prédéterminées, l'administrateur judiciaire peut constituer d'autres classes, dans le respect des critères généraux énoncés; ainsi, *il pourra regrouper, par exemple, les créanciers publics privilégiés en une ou plusieurs classes*, notamment si la composition du passif de l'entreprise le justifie" (énfasis añadido). Este informe se encuentra disponible en https://www.legifrance.gouv.fr/download/file/HgaEirIdiB920jv-kIeF2Pr0UFZ53yBqzAI9F_kpVCx8=/JOE_TEXTE.

124 Sobre estas cuestiones, v. A. NIGRO/D. VATTERMOLI, *Diritto della crisi delle imprese*, 4ª edición, Mulino, Bolonia, 2023, pp. 476-477; AAVV, *Fallimento e crisi d'impresa*, Wolters Kluwer, Milán, 2022, marg. 78.3, pp. 1208-1209; R. MANGANO, "Accordi di ristrutturazione e transazione su crediti tributari e contributivi", en M. IRRERA/F. PASQUARIELLO/M. PERRINO (dirs.), *Lineamenti di diritto della crisi e dell'insolvenza*, Zanichelli, 2023, pp. 152-183, pp. 181-183.

Sin embargo, la desviación de la norma española respecto de la solución que establece el legislador de la Unión no puede afectar al derecho que la directiva reconoce a reestructurar el pasivo de un deudor sin más exclusiones que las prevista en ella. En efecto, la directiva faculta al deudor a reestructurar su pasivo, incluido, el crédito público, en el marco de un plan de reestructuración "[…] con el fin de evitar la insolvencia y garantizar su viabilidad […]" (arts. 4.1, 1.5 y 1.6)[125]. En estas circunstancias, no cabe realizar una interpretación de la norma nacional conforme a la directiva, pues la obligación de interpretación conforme al derecho de la Unión tiene como límite necesario la interpretación *contra legem*[126]. Ahora bien, de acuerdo con una jurisprudencia reiterada del Tribunal de Justicia, el Estado "[…] no puede oponer a los particulares el propio incumplimiento de las obligaciones que la Directiva implica"[127]. Como vamos a ver a continuación, esto tiene consecuencias importantes respecto a los derechos que la directiva reconoce a los particulares, así como a la posibilidad de invocarlos.

Como es sabido, las directivas no son directamente aplicables (art. 288, apartado 3 TFUE) y, en consecuencia, carecen en principio de efecto directo. Sin embargo, conforme a una conocida jurisprudencia del Tribunal de Justicia, los particulares están legitimados para invocar ante los tribunales nacionales las disposiciones de una directiva que les reconozcan un derecho frente a un Estado miembro

---

125 Los acreedores también gozan de dicha facultad cuando el Estado miembro les permite proponer planes para reestructurar el pasivo del deudor con el consentimiento de este (art. 4.8). Esto es lo que sucede en derecho español, donde los acreedores podrán proponer un plan de reestructuración y solicitar su homologación en los términos previstos legalmente (art. 643.1 LC).

126 Entre otras, v. SSTJ de 24 de junio de 2019, Daniel Adam Popławski, C-573/17 (*Tol 7301295*), apartados 55, 57 y 58 y de 18 de enero de 2022, Thelen Technopark Berlin GmbH y MN, C-261/20 (*Tol 8748575*), apartados 25, 26 y 28.

127 STJ de 5 de abril de 1989, Ministerio Fiscal y Tulio Ratti, 148/78, apartado 22.

que no las haya transpuesto en plazo o lo haya hecho incorrectamente. De otro modo, la directiva quedaría privada de efectos[128]. De acuerdo con dicha jurisprudencia, para reconocer efecto directo a una directiva, esta ha de imponer a los Estados miembros una *obligación incondicional y suficientemente precisa*[129]. En estas circunstancias, en virtud del *principio de primacía*, los órganos jurisdiccionales nacionales están obligados a atender la pretensión del particular fundada en la disposición de la directiva que le reconozca tal derecho y que tenga efecto directo, inaplicando la norma nacional incompatible con esta (efecto de exclusión), o desplazando la norma nacional y sustituyéndola por lo dispuesto en la directiva (efecto de sustitución)[130].

---

128 Entre muchas, v. SSTJ de 4 de diciembre de 1974, Yvonne Van Duyn y Home Office, 41/74 (*Tol 10112920*), apartado 12; Ministerio Fiscal y Tulio Ratti, 148/78, apartado 22; de 19 de enero de 1982, Ursula Becker y Finanzamt Münster-Innenstadt, 8/81 (*Tol 9936171*), apartados 23-24; de 26 de febrero de 1986, M.H. Marshall y Southampton and South-West Hampshire Area Health Authority (Teaching), 152/84, apartado 47; de 14 de enero de 2021, RTS infra BVBA, Aannemingsbedrijf Norré-Behaegel BVBA y Vlaams Gewest, C-387/19 (*Tol 8261489*), apartado 44, y de 8 de marzo de 2022, NE y Bezirkshauptmannshaft Hartberg-Fürstenfeld, C-205/20 (*Tol 8823412*), apartado 17. Asimismo, v. D. SARMIENTO, *El Derecho de la Unión europea*, 4ª edición, Marcial Pons, Madrid, 2022, pp. 338-340.

129 STJ Ministerio Fiscal y Tulio Ratti, 148/78, apartado 23: "que, de ello se deriva que un órgano jurisdiccional nacional al que recurra un justiciable, que se ha atenido a las disposiciones de una Directiva, solicitando que no se aplique una disposición nacional incompatible con la Directiva a la que no se ha adaptado el ordenamiento jurídico interno del Estado que la incumple, debe estimar dicha petición siempre que la obligación de que se trate sea incondicional y suficientemente precisa". Asimismo, v. sentencias Ursula Becker, 8/81, apartado 25; Marshall, 152/84, apartados 46 y 47; RTS infra BVBA, C-387/19, apartado 44; NE, C-205/20, apartado 17.

130 SSTJ Popławski, C-573/17, apartado 61, y NE, C-250/20, apartados 37-39. En la doctrina, v. M. LÓPEZ ESCUDERO, "Desafíos y límites a la primacía del Derecho de la UE: Jurisprudencia reciente del TJUE y de los tribunales constitucionales nacionales", RGDE, nº 58, 2022, pp. 49-113, pp. 62-63 y notas nº 44 y 45, donde, además precisa, a la luz de la jurisprudencia del Tribunal de Justicia, que el efecto de exclusión también puede producirse, con base en el derecho nacional, cuando la disposición de derecho de la Unión no tiene efecto

En el caso que nos ocupa, ya hemos señalado que la directiva reconoce a los particulares el derecho a reestructurar el pasivo de un deudor en el marco de un plan de reestructuración incluyendo a los créditos de los que sean titulares las Administraciones públicas. Estas forman parte del Estado y frente a ellas los particulares se encuentran en una *relación vertical* o de sujeción[131]. Al dejar a los créditos públicos fuera del perímetro teórico de afectación de los planes de reestructuración en los términos indicados, el legislador español se ha apartado de lo dispuesto en la directiva y no la ha traspuesto correctamente, impidiendo de este modo que dichos créditos puedan ser reestructurados en el marco de un plan. Sin embargo, la directiva impone a los Estados miembros una obligación incondicional y suficientemente precisa en este punto. Por una parte, ha dispuesto en *términos inequívocos* qué créditos pueden o deben, según los casos, quedar excluidos de los planes de

---

directo. Aunque sin distinguir entre ambos efectos, también v. SARMIENTO, *Derecho UE*[4], pp. 372-373.

131 STJ Marshall 152/84, apartados 48 y 49. Más recientemente, v. la STJ de 7 de agosto de 2018, David Smith y Patrick Meade, Philip Meade, FBD Insurance plc, Ireland, Attorney General, C-122/17 (*Tol 6687338*), apartado 45: "En efecto, el tribunal nacional *solo está obligado a inaplicar la normativa interna contraria a una directiva cuando esta se invoca frente a un Estado miembro, a los órganos de su Administración, incluidas las autoridades descentralizadas, o a los organismos o entidades que estén sujetos a la autoridad o al control del Estado o a quienes un Estado miembro ha encomendado una misión de interés público* y que, a tal efecto, disponen de *facultades exorbitantes* en comparación con las que se deriven de las normas aplicables en las relaciones entre particulares (véanse, en este sentido, las sentencias de 24 de enero de 2012, Domínguez, C-282/10, EU:C:2012:33, apartados 40 y 41; de 25 de junio de 2015, Indėlių ir investicijų draudimas y Nemaniūnas, C-671/13, EU:C:2015:418, apartados 59 y 60, y de 10 de octubre de 2017, Farrell, C-413/15, EU:C:2017:745, apartados 32 a 42)" (énfasis añadido). Como explica SARMIENTO, *Derecho UE*[4], p. 343, el Tribunal de Justicia ha aplicado la doctrina del efecto directo, entre otras, a las administraciones tributarias —STJ de 22 de febrero de 1990, CECA y Fallimento Acciaierie e ferriere Busseni SpA, C-221/88, apartados 26-30, relativa a la extensión de las preferencias del crédito público a determinadas exacciones de la antigua CECA—, y a entidades locales y regionales.

reestructuración, y, entre ellos, no ha mencionado a los créditos públicos (v. art. 1.5 y 6). De hecho, a ellos se refiere la directiva para indicar que deben incluirse en categorías separadas dentro del plan entendiendo que quedan afectados por el mismo[132]. Por lo tanto, en palabras del Tribunal, esas disposiciones "[...] resultan lo *suficientemente precisa*[s] para ser invocada[s] por un justiciable y aplicada[s] por el juez" e impedir la exclusión de dichos créditos[133]. Por otra parte, la exclusión de determinados créditos del perímetro de afectación de los planes de reestructuración es *incondicional*, pues no se sujeta a ningún requisito, ni se supedita en su ejecución o en sus efectos a que se adopte un acto de las instituciones de la Unión o de los Estados miembros[134]. En efecto, la directiva enumera de manera *taxativa* los supuestos que pueden o deben beneficiarse de ella y no confiere a los Estados miembros la facultad de ampliarlos incluyendo a otros créditos distintos de los enumerados[135]. En consecuencia, el deudor o los acreedores que pretendan obtener la homologación de un plan

---

132 Considerando 44.

133 STJ Marshall, 152/84, apartado 52. También, v. SSTJ RTS infra BVBA, C-387/19, apartado 46, y NE, C-205/20, apartado 18. Apunta al carácter detallado del texto normativo para entender satisfecho el requisito de la precisión, SARMIENTO, *Derecho UE*[4], p. 340.

134 SSTJ Van Duyn, 41/74, apartado 13; Marshall, 152/84, apartados 54-55; RTS infra BVBA, C-387/19, apartado 46, y NE, C-205/20, apartado 18.

135 Sobre el carácter taxativo de la lista, v. el Dictamen del Consejo de Estado, p. 87. Por su parte, NOVO, *El nuevo marco jurídico*, p. 5, entiende que, a diferencia de lo que sucede con otros preceptos —p.ej., el artículo 23.4 de la directiva, en sede de exoneración del pasivo insatisfecho—, el artículo 1.5 no contiene una relación *ad exemplum*. En el mismo sentido se manifiesta GALLEGO CÓRCOLES, ADCo, 60 (2023), II.3. Sobre el carácter no exhaustivo del artículo 23.4, v. las Conclusiones del Abogado General de la Tour, de 14 de diciembre de 2023, en el asunto Julieta y Rogelio contra AEAT, C-687/22 (*Tol 9961258*), apartados 31-33, que son seguidas en la STJ de 11 de abril de 2024, Julieta y Rogelio contra AEAT, asunto C-687/22 (*Tol 9965408*), apartados 37-39. También, v. STJ de 7 de noviembre de 2024, en los asuntos acumulados AEAT y A, C-289/23, y S.E.I. y AEAT, C-305/23, apartado 59.

de reestructuración que afecte a créditos públicos que no cumplan los requisitos contemplados en el artículo 616.2 LC podrán solicitar al juez competente *que inaplique dichos requisitos* —que son contrarios a la directiva—, *y homologue el plan*[136]. El juez deberá, entonces, abstenerse de aplicar el derecho nacional contrario a la directiva y atender a la pretensión de homologación cuando se cumplan los demás requisitos para ello (arts. 638 a 640 LC) —efecto de exclusión—. Frente a la oposición de los titulares de los créditos públicos —o, en su caso, frente a la impugnación del auto de homologación por parte de estos— el deudor o los acreedores podrán hacer valer ante el juez su derecho a afectar a dichos créditos por un plan de reestructuración invocando las disposiciones de la directiva que no permiten excluir al crédito público del perímetro de afectación de dichos planes (art. 1.5 y 6), y que desplazan las normas nacionales incompatibles con ellas —efecto de sustitución—. Siendo clara la contradicción con el derecho de la Unión, el juez no necesitará plantear al Tribunal de Justicia una cuestión prejudicial para confirmar la incompatibilidad del derecho nacional con las disposiciones de la directiva. Esto resulta de particular interés en el marco de las reestructuraciones, en las que la agilidad en la aprobación del plan resulta fundamental para poder sacar adelante la misma.

Ciertamente, la directiva solo se refiere a la mal llamada "insolvencia inminente" ("likelihood of insolvency") como situación en la que el deudor debe poder beneficiarse de un plan de reestructuración que le permita continuar su actividad y evitar la liquidación

---

136 Nótese que, para homologar el plan, el juez debe examinar que cumple los requisitos de contenido y forma del título III (art. 638.3° LC). Esto significa que, entre otras cuestiones, al juez le corresponde controlar el perímetro de afectación del plan (art. 633.5° y 8° LC) —lo que, a su vez, le obliga a examinar que la inclusión de los créditos públicos en el plan se realizó de conformidad con lo dispuesto en el artículo 616.2 LC—, y a verificar que se presentaron las certificaciones de estar al corriente de pago de las obligaciones tributarias y de la Seguridad Social (art. 633.12° LC).

de una empresa valiosa (art. 4.1)[137]. Este concepto no incluye la situación de insolvencia actual en la que, en cambio, la Ley concursal sí permite la reestructuración (arts. 584.1 y 636 LC). La directiva ha dejado a los Estados miembros margen de libertad para definir qué debe entenderse por "insolvencia inminente" a los efectos de beneficiarse de tal derecho [art. 2.2 b)], pero deben hacerlo dentro de ciertos límites temporales. Uno de ellos es la insolvencia del deudor, entendida como aquella situación en la que este "[...] reúna las condiciones de la normativa nacional para entrar en un procedimiento colectivo de insolvencia que implique normalmente un total desapoderamiento del deudor y el nombramiento de un liquidador"[138], mientras que el otro es la solvencia[139]. Entonces, en insolvencia actual, los particulares no tendrían derecho conforme a la directiva a reestructurar el pasivo del deudor. Sin embargo, el legislador español ha entendido que "[m]ientras que la empresa sea económicamente viable, está justificada su reestructuración para evitar los riesgos de destrucción de valor asociados al procedimiento concursal"[140]. Así, ha considerado legítimamente, en el ejercicio de su discrecionalidad, que junto a la probabilidad de insolvencia y a la insolvencia inminente —que son las situaciones anteriores a la insolvencia que se corresponden con la llamada "insolvencia inminente" del artículo 2.2 b) de la directiva—, la insolvencia actual también constituye un presupuesto para comunicar el inicio de las negociaciones con los acreedores y para homologar un plan de reestructuración, siempre que no evidencie una situación de grave deterioro patrimonial que impida la continuidad de la empresa y deba conducir a la liquidación del patrimonio del deudor. Pues bien, *al hacer esto, ha reconocido a los operadores jurídicos el mismo derecho a reestructurar el pasivo del deudor que el que les asigna la directiva en las situaciones de*

---

137 También, v. considerandos 1 y 2.

138 Considerando 24.

139 F. GARCIMARTÍN, "Comentario del artículo 4", en C.G. PAULUS/R. DAMMANN (eds.), *European Preventive Restructuring. Directive (EU) 2019/1023. Article-by-Article Commentary*, Beck, Múnich, 2021, párrs. 14-15 y 18, pp. 90-91.

140 Exposición de motivos de la Ley 16/2022, apartado III.

insolvencia probable o inminente. En consecuencia, *han de poder llevar a cabo la reestructuración en los mismos términos.* Entender otra cosa introduciría una contradicción de valoración insoportable en el sistema al permitir que los créditos públicos pudieran quedar afectados por el plan de reestructuración en probabilidad de insolvencia o insolvencia inminente, como consecuencia del efecto directo de la directiva, y que, sin embargo, no pudieran serlo en una situación de insolvencia actual, en la cual la ley nacional reconoce a los operadores jurídicos la misma facultad. Es más, de no poder sacar adelante la reestructuración, es muy probable que el deudor tuviera que acabar buscando una solución a su crisis patrimonial a través del concurso, a pesar del riesgo de destrucción de valor asociado al mismo que el propio legislador reconoce. En este sí que podrá tratar de reestructurar el crédito público ordinario y subordinado a través de un convenio (arts. 317.2 *in fine* y 396 LC), sin otras limitaciones que las previstas para los demás acreedores —*v.gr.*, las esperas no pueden exceder de 10 años (art. 317.1 LC)—, siempre y cuando los costes del procedimiento no terminen haciendo aquella inviable.

4.6. SOBRE LA DECLARACIÓN INSTITUCIONAL DE PORTUGAL

El mismo día en el que se aprobó la directiva, Portugal realizó una declaración institucional respecto de los créditos públicos en la que afirmó que existía suficiente flexibilidad en el marco de la directiva para que los Estados miembros pudieran excluir determinadas categorías de créditos de la exoneración del pasivo insatisfecho en aquellos casos en los que dichas exclusiones o restricciones se encontraran debidamente justificadas[141]. Más concretamente, en dicha

[141] Declaración de 20 de junio de 2019 que acompaña a la aprobación de la Directiva 1023/2019, documento 9170/2/19 REV 2 ADD 1 REV 1. En concreto, Portugal manifestó lo siguiente: "there is sufficient flexibility within the text of the [...] Directive [...] to allow Member States to exclude specific categories of debt from discharge

declaración, Portugal entendió que los Estados miembros podían mantener o introducir restricciones que excluyeran o limitaran la exoneración del pasivo insatisfecho respecto del crédito público por dos motivos: el primero, la especial naturaleza de este crédito y, el segundo, que la adopción de una legislación de la Unión con impacto en el pago de impuestos y otras formas de tributación requeriría de un fundamento normativo distinto, sujeto a un procedimiento específico, tal y como se prevé en el Tratado sobre el Funcionamiento de la Unión Europea[142]. De ser esto así, no solamente la exoneración del crédito público, sino también cualquier otra medida prevista en la directiva que afectara a la satisfacción de este crédito hubiera exigido acudir a un procedimiento legislativo distinto del seguido para la adopción de la Directiva 2019/1023.

Sin embargo, esta declaración de Portugal no permite interpretar la directiva en el sentido de que el crédito público no deba quedar afectado por la exoneración del pasivo insatisfecho o, incluso, por una reestructuración. Antes de nada, debemos aclarar que *las declaraciones unilaterales de un Estado miembro carecen de cualquier eficacia respecto de la forma en la que los demás Estados han de transponer la directiva.* Como se ha señalado "forman parte de la fijación de la posición nacional en el proceso decisorio comunitario" y su valor se limita a "[…] realizar afirmaciones […], que dan la impre-

---

of debt, [..] where such exclusions or restrictions […] are duly justified".

142 "[…] Member States may maintain or introduce provisions excluding or restricting access to discharge of tax debts, not only because such measures are to be considered duly justified due to the special nature of tax debts, but also because the adoption of EU legislation with an impact on the payment of turnover taxes, excise duties and other forms of taxation would require a different specific legal basis, subject to special legislative procedures, as prescribed by the Treaty on the Functioning of the European Union". Entre nosotros, considera que la involucración de los acreedores públicos en un escenario preconcursal podría tener incidencia en la política fiscal que, sin embargo, no podría resultar afectada, PULGAR, *Comentario art. 654 LC*, II[3], p. 1331.

sión a la opinión pública general y a los órganos internos encargados de controlar la actuación del Ejecutivo en el seno de las instituciones comunitarias que los intereses del Estado han quedado salvaguardados y que, por tanto, la negociación en Bruselas ha resultado más exitosa de lo que realmente ha sido"[143]. Tratándose de una declaración que parece querer imponer una determinada interpretación de la directiva respecto del crédito público, esta no puede, sin embargo, limitar su alcance cuando dicha limitación no se contempla en el texto de la norma. En este sentido, el Tribunal de Justicia viene considerando que "[e]l alcance objetivo [de una norma de derecho derivado] no puede modificarse por reservas u objeciones que los Estados hayan podido formular en el momento de la elaboración de aquellas"[144]. Por lo tanto, las consideraciones realizadas por Portugal en la referida declaración unilateral no pueden condicionar ni la interpretación, ni la aplicación que haya de hacerse por este Estado, o por el resto de los Estados miembros de las normas en materia de créditos públicos contenidas en la directiva.

Pasando ya a los argumentos sustantivos, por lo que se refiere al *procedimiento legislativo seguido*, la Directiva 2019/1023 fue adoptada por el Parlamento y el Consejo conforme al procedimiento legislativo ordinario porque era el procedimiento decisorio previsto en sus bases jurídicas —en particular, en el art. 114 TFUE— y, pese a las alegaciones de Portugal, no contiene disposiciones que obliguen a recurrir a otras bases jurídicas que prevén un procedimiento legislativo especial. En efecto, permitir que los créditos públicos se vean afectados por un plan de reestructuración no supone ni armonizar los niveles impositivos relativos a una determinada actividad (art. 113 TFUE),

---

143 C. MARTÍNEZ CAPDEVILA, *Las declaraciones en el Derecho comunitario. Estudio de las Declaraciones a los Tratados y al Derecho derivado*, Tecnos, Madrid, 2005, pp. 202-203.

144 En la jurisprudencia, por ejemplo, v. STJ de 30 de enero 1985, Comisión c. Dinamarca, asunto 143/83, apartado 13. En nuestra doctrina, da cuenta de esta y otras sentencias anteriores, *ibid.*, pp. 243-244.

ni aproximar las disposiciones que inciden de manera directa en el establecimiento o funcionamiento del mercado interior (art. 115 TFUE)[145]. Supone facilitar la reestructuración del pasivo de un deudor en igualdad de condiciones dentro del mercado interior a través de los marcos preventivos de reestructuración. En estas circunstancias, la armonización es necesaria para evitar que "las divergencias entre los marcos nacionales de reestructuración e insolvencia [sigan] suponiendo un obstáculo a la libre circulación de capitales y a la libertad de establecimiento [...]", contribuyendo solo de manera indirecta, a resultas de ello, "[...] al correcto funcionamiento del mercado interior"[146]. Por lo demás, hasta la fecha, ni las bases jurídicas seleccionadas, ni el procedimiento decisorio seguido para la adopción de la directiva han sido cuestionados: no lo fueron por ningún

---

145 El artículo 113 TFUE establece que "[...] las disposiciones referentes a la armonización de las legislaciones relativas a los impuestos sobre el volumen de negocios, los impuestos sobre consumos específicos y otros impuestos indirectos, en la medida en que dicha armonización sea necesaria para garantizar el establecimiento y el funcionamiento del mercado interior y evitar las distorsiones de la competencia", deben adoptarse por el Consejo —y, por lo tanto, por unanimidad— con arreglo al procedimiento legislativo especial. Por su parte, el artículo 115 TFUE sujeta a dicho procedimiento legislativo la adopción de directivas "[...] para la aproximación de las disposiciones legales, reglamentarias y administrativas de los Estados miembros que incidan directamente en el establecimiento o funcionamiento del mercado interior". A modo de ejemplo, con base en el artículo 113 TFUE se adoptó la Directiva 2003/96/CE del Consejo, de 27 de octubre de 2003, por la que se reestructura el régimen comunitario de imposición de los productos energéticos y de la electricidad, en virtud de la cual se establecen unos mínimos de imposición para "[...] la mayoría de los productos de la energía, incluidos la electricidad, el gas natural o el carbón" (considerando 3). Asimismo, con base en el artículo 115 TFUE se adoptó la Directiva (UE) 2016/1164 del Consejo, de 12 de julio de 2016, por la que se establecen normas contra las prácticas de elusión fiscal que inciden directamente en el funcionamiento del mercado interior, cuyo objetivo es mejorar su resistencia frente prácticas de este tipo de alcance transfronterizo (v. considerando 16).

146 Considerandos 1, 7 y 100. También, v. GARCIMARTÍN, *European Preventive Restructuring*, Art. 4, RdN. 1, p. 86.

Estado miembro durante el plazo de dos meses que tenían para interponer contra ella, ante el Tribunal de Justicia de la Unión Europea, un recurso de anulación *ex* artículo 263 TFUE; y tampoco lo han sido por ninguna persona física o jurídica ante un órgano jurisdiccional nacional que luego haya elevado ante el Tribunal de Justicia una cuestión prejudicial de validez *ex* artículo 267 TFUE.

En lo que respecta a la *especial naturaleza del crédito público,* el hecho de que las reestructuraciones o las exoneraciones puedan tener consecuencias sobre el pago de impuestos o de otras formas de tributación tampoco constituye un argumento para excluirlo de las reestructuraciones. Sin embargo, durante el trámite de informes del Anteproyecto de ley, el prelegislador español afirmó que "[…] regular cualquier tipo de ventaja en el pago de la deuda pública por el mero hecho de haber comunicado a un órgano judicial una dificultad financiera supone la quiebra de los principios básicos de cualquier sistema tributario de un Estado"[147]. Esta consideración no se puede compartir. Respecto de la recaudación por IVA, el Tribunal de Justicia ha considerado, en un caso de exoneración de deudas, que estando esta sometida a *requisitos estrictos que ofrecen garantías respecto del cobro de los créditos,* su aplicación a los créditos públicos por IVA impagados "[…] no constituye una renuncia general e indiscriminada a la percepción del IVA y no es contrario a la obligación de los Estados miembros de garantizar la percepción íntegra del IVA devengado en su territorio, así como la recaudación eficaz de los recursos propios de la Unión"[148]. Pues bien, en el caso de las reestructuraciones, sobre la base de lo dispuesto en la directiva, la ley española proporciona a cualquier acreedor disidente —incluidos los acreedores públicos— las garantías necesarias para tutelar su interés en maximizar el valor de sus créditos en el marco

---

147 Respuesta del órgano proponente a las observaciones del Consejo General del Poder Judicial, recogidas en el Dictamen del Consejo de Estado, p. 87.

148 Sentencia de 16 de marzo de 2017, Agenzia delle Entrate c. Marco Identi, C-493/15 (*Tol 5988731*), apartado 24.

de decisión colectiva que el plan representa y obtener una participación equitativa (*fair*) en el reparto del excedente de valor que se genera. Estas garantías vienen dadas por la prueba del interés superior de los acreedores (art. 654.7ª LC); la prohibición de sacrificio desproporcionado (art. 654.6ª LC); la regla de la prioridad absoluta (art. 655.2.4ª LC), así como la regla de la paridad de trato, entendida como garantía de trato paritario dentro de la misma clase (arts. 638.4º y 654.4º LC), y como garantía de que, dentro del mismo rango, no se aplique a ninguna clase disidente un trato menos favorable que a otras clases (art. 655.2.3º LC)[149].

Un criterio análogo a la regla del interés superior de los acreedores fue el utilizado por el Tribunal de Justicia para entender, en el marco de un convenio suscrito entre un deudor y sus acreedores, que la imposición de una quita a una deuda derivada de la recaudación del IVA no afectaba a la obligación que incumbe a los Estados miembros de asegurar la correcta recaudación de dicho impuesto en la medida en que pudiera acreditarse que dicho crédito no recibiría más valor en un procedimiento concursal liquidativo que lo que recibiría tras aplicarle la quita[150]. Por lo demás, el hecho de que no exista un mercado secundario para los créditos

149 Sobre estas garantías, v. F. GARCIMARTÍN, "La reforma del Derecho Preconcursal: algunas reflexiones sobre sus fundamentos", en A. DÍAZ MORENO/F.J. LEÓN SANZ/J. BRENES/S. RODRÍGUEZ (dirs.), *La reestructuración como solución de las empresas viables*, Aranzadi, Cizur Menor, 2022, pp. 33-61, pp. 56-61.

150 STJ de 7 de abril de 2016, Degano Trasporti Sas di Ferruccio Degano & C., en liquidación c. Pubblico Ministero presso il Tribunale di Udine, C-546/14 (*Tol 5678401*), apartado 28 y dispositivo único: "El artículo 4 TUE, apartado 3, y los artículos 2, 250, apartado 1, y 273 de la Directiva 2006/112/CE del Consejo, de 28 de noviembre de 2006, relativa al sistema común del impuesto sobre el valor añadido, no se oponen a una normativa nacional como la controvertida en el litigio principal, interpretada en el sentido de que un empresario en situación de insolvencia puede presentar ante un tribunal una solicitud de inicio de procedimiento de convenio concursal para saldar sus deudas mediante la liquidación de su patrimonio, en la que sólo proponga un pago parcial de una deuda del impuesto sobre el valor añadido acreditando mediante la valoración efectuada por un

> públicos no afecta a la aplicación de la regla del interés superior[151]. Esta circunstancia no constituye un obstáculo para que pueda llevarse a cabo la valoración teórica que exige la aplicación de dicha prueba a fin de determinar la cuota que hipotéticamente hubiera correspondido al acreedor público si la empresa se hubiera liquidado en un concurso[152].

La separación de los créditos públicos en una clase propia dentro de cada uno de los rangos contribuye a hacer efectivas tales garantías (art. 624 bis LC). En efecto, la separación de créditos del mismo rango en distintas clases permite evitar que los intereses particulares de un grupo de acreedores —p.ej., los titulares de los créditos ordinarios resultantes de la parte no cubierta por una garantía real— queden diluidos en una sola clase que esté controlada por acreedores que tienen otros intereses —p.ej., proveedores— y que, como consecuencia de ello, se vean arrastrados por la decisión mayoritaria de los segundos. En tales circunstancias, los primeros no podrían hacer valer la infracción de la regla de la prioridad absoluta (art. 655.2.4º LC), cuando los segundos estuvieran dispuestos a recibir menos valor en la reestructuración que las clases de rango inferior a cambio de poder compensar el sacrificio que el plan les impone con los beneficios que previsiblemente se derivarán de mantener en el futuro su relación comercial con el deudor[153]. Pues bien, *al quedar los créditos públicos incluidos en una clase separada dentro del rango correspondiente sólo se les podrá imponer un plan en contra de su voluntad si se observan las garantías establecidas en la ley que protegen sus intereses particulares como clase —v.gr.*, la regla de la prioridad absoluta y la in-

experto independiente que esa deuda no se pagaría en una cuantía superior en caso de quiebra del empresario".

151 De otra opinión, PULGAR, RDM, 323 (2022), III.5.1.

152 GARCIMARTÍN, *La reestructuración*, p. 58.

153 Tomamos prestado el ejemplo de ADLER/CASEY/MORRISON, *Baird & Jackson's Bankruptcy*[5], p. 806. También, v. TOLLENAAR, *Pre-Insolvency Proceedings*, p. 88. Entre nosotros, v. GARCIMARTÍN, *Almacén de Derecho* (2022), pp. 4-5.

terdicción de trato menos favorable respecto de otras clases del mismo rango (art. 655.2.2º a 4º LC), a las que hay que añadir la prueba del interés superior de los acreedores y la prohibición de sacrificios desproporcionados (art. 655.1 LC, en relación con los arts. 654.6º y 7º LC)—[154].

Garantizado en estos términos el interés de los acreedores públicos en maximizar el valor de sus créditos en el marco de los planes de reestructuración, difícilmente puede considerarse que las consecuencias que pueda tener el plan sobre su satisfacción constituyen una quiebra de los principios de nuestro sistema tributario y que, por lo tanto, deban quedar excluidos de las reestructuraciones. Cues-

---

[154] GARCIMARTÍN, *Almacén de Derecho* (2022), p. 5. También, RICHTER/THERY, párr. 62, p. 21, que entienden que la inclusión del crédito público en clases separadas puede permitir arrastrarlo cuando el plan haya recibido la aprobación de otras clases de acreedores. A pesar de lo señalado por GALLEGO CÓRCOLES, ADCo, 60 (2023), III.2, la inclusión del crédito público en una clase separada no impedirá su arrastre por acreedores del mismo rango que se encuentren incluidos en otras clases en las que se haya aprobado el plan cuando concurran las condiciones establecidas en la ley para ello. A estos efectos, es importante subrayar que nada impide el arrastre entre clases del mismo rango concursal. Sobre el particular, GARCIMARTÍN, *Almacén de Derecho* (2022), pp. 9-10. Por otro lado, critica la inclusión de los créditos públicos en una clase aparte dentro de cada uno de los rangos, GARCÍA-CRUCES, *De Iure Mercatus*, pp. 4275-4277, pues entiende que les confiere un poder de decisión mayor que es muy superior al que les correspondería. Sin embargo, que con esta solución el crédito público tenga capacidad de controlar la decisión en el seno de su clase no nos parece problemático en la medida en que su oposición al plan podrá ser neutralizada a través del arrastre. Tampoco nos parece que, en este caso, la multiplicación de las clases pueda dificultar el arrastre, pues una vez aprobado el plan por al menos una clase que, de acuerdo con la clasificación concursal de créditos, quepa razonablemente presumir que recibiría algún pago tras la valoración de la empresa en funcionamiento (art. 639.2º LC), podrá solicitarse la homologación del plan y las clases disidentes correspondientes a los créditos públicos podrán ser arrastradas si el plan satisface las garantías ya mencionadas —*v.gr.*, entre clases del mismo rango, la interdicción de trato menos favorable, la prueba del mejor interés de los acreedores y la prohibición de sacrificio desproporcionado, y entre clases de distinto rango, la regla de la prioridad absoluta—.

tión distinta es que los acreedores públicos prefieran evitar participar en las reestructuraciones donde se les puedan imponer medidas que reduzcan su cuota de satisfacción contra su voluntad —particularmente en el caso de los acreedores ordinarios y subordinados—, de manera análoga a lo que les sucede a los créditos privados. Sin embargo, como hemos expuesto, esta opción no resulta compatible con la directiva.

§5. *Las ejecuciones del crédito público sobre el patrimonio del deudor*

5.1. LA EXCLUSIÓN DEL CRÉDITO PÚBLICO DE LA REGLA GENERAL

La ley excluye a los créditos públicos de los efectos de la comunicación sobre las acciones y los procedimientos ejecutivos y los somete a un régimen especial que se recoge en el artículo 605 I LC. Con una redacción mejorable, este precepto dispone la no aplicación a dichos créditos de las disposiciones contenidas en la sección cuarta, del capítulo segundo, del título segundo de la Ley concursal. En esencia, estas disposiciones se refieren a la prohibición de inicio de ejecuciones singulares; a la suspensión de las ejecuciones singulares ya iniciadas; a la suspensión de la realización de las garantías reales ya iniciada, así como a la exclusión de este régimen de los créditos que legalmente no puedan quedar afectados por un plan de reestructuración. La referencia a los acreedores públicos como "[...] una categoría de acreedores que no se verá afectada por la suspensión de ejecuciones singulares" (art. 605 I LC), no puede interpretarse en el sentido de que, tras la comunicación del inicio de negociaciones, sólo continuarán las ejecuciones de créditos públicos ya iniciadas[155]. La redacción de la norma, que puede inducir a confusión, es el resultado de haber incorporado la expresión genérica empleada en el artículo 6 de la directiva ("suspensión de las ejecuciones

---

155 Prueba de que esto es así es que en el apartado III de la Exposición de motivos, se señala que "[l]a exclusión de los créditos de derecho público de la regla general de prohibición de inicio de actuaciones o suspensión de las iniciadas cumple con la premisa contenida en el artículo 6.4 de la Directiva [...]".

singulares"), sin ajustarla a la distinción que la ley española hace entre prohibición de inicio de ejecuciones (art. 600 LC) —referida a las ejecuciones no iniciadas—, y suspensión de ejecuciones en tramitación (art. 601 LC) —referida a las ejecuciones ya iniciadas—.

> Bajo la rúbrica "Exclusión de créditos de Derecho Público", el Anteproyecto de ley establecía en el artículo 607, que "[l]o dispuesto en esta sección no será de aplicación a los procedimientos de ejecución que tengan por objeto hacer efectivos créditos de derecho público". De este modo, se dejaba a las ejecuciones de los créditos públicos fuera del ámbito de aplicación de la prohibición legal de ejecución y de la suspensión de inicio de las mismas (arts. 600 y 601), como sucedía en el caso de los acuerdos de refinanciación homologados (art. 592 LC, en su versión anterior a la reforma). En el Proyecto de ley, se da al párrafo primero su redacción actual (art. 605) y durante la tramitación parlamentaria se incorpora el párrafo segundo, de acuerdo con el cual, tratándose de bienes o derechos necesarios para la continuidad de la actividad empresarial o profesional del deudor podrá suspenderse la fase de realización o enajenación[156].

Así las cosas, los acreedores públicos podrán iniciar ejecuciones sobre los bienes o derechos del deudor o, continuar con las ya iniciadas, mientras este negocia un plan de reestructuración con los demás acreedores. Sólo cuando la ejecución tenga por objeto bienes o derechos necesarios para la continuidad de la actividad empresarial o profesional del deudor, se podrá suspender la fase de realización o enajenación del bien o derecho en cuestión por tres meses a contar desde la fecha de la comunicación al juzgado del comienzo de las negociaciones, transcurridos los cua-

---

156 El párrafo segundo del artículo 607 LC se incorporó a última hora durante la tramitación del Proyecto de ley en el Congreso de los Diputados. En concreto, apareció por primera vez en el Dictamen de la Comisión de Justicia, de 5 de julio de 2022 (disponible en https://www.congreso.es/public_oficiales/L14/CONG/BOCG/A/BOCG-14-A-84-5.PDF#page=1).

les la suspensión quedará sin efecto automáticamente sin que sea preciso adoptar, para ello, resolución alguna. Lo mismo sucederá cuando el crédito público se beneficie de una garantía real constituida sobre tales bienes o derechos (v., p.ej., art. 78 LGT), a las que también resulta de aplicación el régimen particular de estos créditos (art. 605 I LC). En esta lectura de la norma, no se advierte ninguna contradicción entre la regla general recogida en el párrafo primero del artículo 605 LC (exclusión del crédito público de la prohibición de inicio de las ejecuciones singulares y suspensión de las ya iniciadas), y la excepción dispuesta en el párrafo segundo de este precepto respecto de la realización de bienes y derechos necesarios para la continuidad de la actividad empresarial o profesional del deudor, para los que la ejecución puede continuar hasta la fase última de la realización o enajenación de los mismos[157]. Aunque la cuestión es discutida, en caso de prórroga de los efectos de la comunicación para continuar con las negociaciones, la suspensión podrá reanudarse por hasta tres meses más hasta que finalice aquella (art. 607.4 LC).

> Con base en la literalidad del artículo 605 II LC, se ha sostenido que la suspensión de la realización y enajenación de los bienes y derechos del deudor que resulten necesarios para la continuidad de su actividad empresarial o profesional se levanta automáticamente para los créditos públicos una vez cumplidos los tres primeros meses de la suspensión, de manera que no es

---

157 Sin embargo, entiende que estos párrafos son contradictorios, AZOFRA, I&R, 7 (2022), p. 96. Tampoco compartimos el argumento según el cual habría razones de índole sistemático e integrador por las que la regla contenida en el párrafo segundo e incluida en un precepto que lleva por rúbrica "Exclusión de los acreedores públicos", debería, en realidad, aplicarse al resto de los acreedores. La ejecución de dichos créditos sobre bienes o derechos necesarios para la continuación de la actividad empresarial o profesional del deudor se encuentra ya paralizada (arts. 600 y 601 LC) y, en el caso de los bienes y derechos no necesarios para dicha actividad, el deudor puede solicitar su paralización (art. 602 LC).

posible prorrogar sus efectos[158]. Sin embargo, en contra de esta lectura de la norma se ha mantenido que la prórroga de los efectos de la comunicación también se aplica a los créditos públicos ya que el artículo 605 I LC sólo excluye las disposiciones de la sección cuarta entre las que esta no se encuentra —ya que se ubica en la sección quinta—[159]. En efecto, habrá que entender que el levantamiento automático de la suspensión no se producirá cuando, con anterioridad a que llegue esa fecha, el deudor o acreedores que representen más el 50 % del pasivo del deudor hayan presentado al juez la solicitud de prórroga. Dicha solicitud permite mantener los efectos de la suspensión hasta que el juez la acuerde (art. 607.3 LC). Esto es, precisamente, lo que sucede en el caso de los créditos privados, para los que la ley dispone que "[l]as ejecuciones no iniciadas o suspendidas podrán iniciarse o reanudarse una vez transcurridos tres meses desde la comunicación, *salvo que se prorroguen sus efectos de conformidad con lo previsto en este capítulo*" (art. 604.2 LC; énfasis añadido). Es cierto que el artículo 605 II LC no incluye una disposición parecida. Sin embargo, esta interpretación —que es la más razonable desde el punto de vista de la finalidad perseguida por la norma (art. 3.1 CC)— queda confirmada por la propia literalidad del artículo 607.4 LC. De acuerdo con este precepto, la resolución judicial por la que se concede o deniega la solicitud de prórroga será remitida a las autoridades judiciales o administrativas que estén conociendo de la ejecución. Al incluir a las autoridades administrativas entre las destinatarias de la notificación, la ley acepta implícitamente que la prórroga pueda extenderse también a las ejecuciones que se estén tramitando ante estas. Es más, al establecer la duración máxima de las esperas a las

---

158 R. CABANAS, "Comentario del artículo 605 LC", en J. PULGAR (dir.), *Comentario a la Ley Concursal*, t. II, 3ª edición, La Ley, Madrid, 2023, pp. 939-943, p. 942 y N. FACHAL, "La comunicación de inicio de negociaciones como instrumento facilitador de la reestructuración", en A. COHEN (dir.), *Nuevo marco jurídico de la reestructuración de empresas en España*, Aranzadi, Cizur Menor, 2023, IV.4.2 (versión Proview), entienden que no cabe prórroga. A la misma conclusión llega G. SIGUERO MUÑOZ, *La formación de clases de acreedores para la aprobación de un plan de reestructuración*, Sepín, Madrid, 2023, p. 65.

159 GARCÍA-CRUCES, *De Iure Mercatus*, pp. 4269-4270.

que puede sujetarse el crédito público, la ley dispone un plazo máximo de dieciocho meses a contar desde la fecha de la comunicación del inicio de las negociaciones (art. 616 bis LC). Pues bien, este es el resultado de sumar al plazo general de doce meses, contados desde el auto de homologación, los seis meses durante los que se extienden los efectos de la paralización de las ejecuciones y la prórroga (v. *infra* § 6.1). Una vez transcurrida la prórroga, se levantará automáticamente la paralización de la realización o ejecución de los bienes y derechos necesarios en los términos previstos en el artículo 605 II LC.

Cuestión distinta es que a los créditos públicos afectados y no afectados por el plan les es de aplicación la paralización de las ejecuciones judiciales y extrajudiciales que resulta de la providencia de admisión a trámite de la solicitud de homologación (art. 644.1 LC). Respecto de ellos, la ley no contempla ninguna limitación.

La suspensión de la fase de realización o enajenación no se produce de manera automática, sino que deberá ser acordada a solicitud de parte —probablemente el deudor, a la vista de lo dispuesto en el artículo 602 LC para la extensión de la prohibición de inicio de ejecuciones o suspensión de las ya iniciadas sobre bienes o derechos no necesarios para la continuidad de la actividad empresarial o profesional del deudor—. Y deberá ser acordada por el juez que esté conociendo de la ejecución o, en el caso de las ejecuciones extrajudiciales, por el juez ante el que se haya presentado la comunicación (art. 605 II LC). Ha de entenderse aquí que *las ejecuciones extrajudiciales comprenden, entre otras, los apremios administrativos*[160]. Ciertamente, la redacción del precepto es manifiestamente mejorable, sobre todo a la vista de lo dispuesto en sede de concurso, donde se distingue entre ejecuciones judiciales y extrajudiciales, de una parte, y apremios administrativos, de otra (art. 142 LC). No obstante, esa deficiencia no puede servir de ar-

160 A favor de esta interpretación, v. CABANAS, *Comentario art. 605 LC*, II[3], p. 942.

gumento para excluir a los apremios administrativos de la paralización de las ejecuciones singulares. Además de ser una solución muy cuestionable a la luz de lo dispuesto en el artículo 6 de la directiva, que no distingue entre unas y otras, privaría de efecto útil al precepto en relación con los créditos públicos que se realizan fundamentalmente a través del procedimiento de apremio[161]. La propia literalidad del precepto ofrece un argumento a favor de la lectura que aquí sostenemos. La referencia a la posibilidad de suspender "[…] la fase de realización o enajenación […]" puede estar aludiendo al procedimiento de apremio regulado en los artículos 634 a 680 LEC —adviértase que el artículo 634 LEC es el que abre la sección que lleva por rúbrica "Disposiciones generales para la realización de los bienes embargados" —o, incluso, a la realización extrajudicial de determinados bienes (p.ej., v. art. 236 RH)[162]. Pero también alude a la fase de enajenación de los apremios administrativos, tal y como se regula en los artículos 97 a 107 RGR, que se ubican en una subsección que lleva por rúbrica la "Enajenación de bienes embargados[163]. No hay, pues, razones en la literali-

---

[161] Sin embargo, F. VALENCIA, "Comentario del artículo 690 LC", en J. PULGAR (dir.), *Comentario a la Ley Concursal*, t. II, 3ª edición, La Ley, Madrid, 2023, pp. 1563-1572, p. 1570, entiende que sólo se aplica a las ejecuciones singulares, judiciales o extrajudiciales, pero no a los apremios administrativos.

[162] *Ibid.*, p. 1571. La referencia a las ejecuciones judiciales, aunque llamativa, puede explicarse en relación con aquellos créditos que se han venido considerado "públicos", pero que no gozan de la posibilidad de acudir a la vía de apremio, sino que, al quedar sujetos al régimen de derecho privado, han de realizarse ante la jurisdicción ordinaria —p.ej., los créditos por determinados préstamos del CDTI o del Instituto Vasco de Finanzas—. Sin embargo, como hemos indicado, en estos casos, no estamos, en rigor ante créditos públicos, pues no resultan del ejercicio de potestades administrativas. Al respecto, v. *supra* §§ 2.1 y 2.2.

[163] Subsección 5ª, de la Sección 2ª, del Capítulo II, relativo al procedimiento de apremio, del Título III relativo a la recaudación en periodo voluntario y ejecutivo. Dentro de dicha subsección, a modo de ejemplo, el artículo 100 se refiere a las "Formas de enajenación"; el artículo 101 al "Acuerdo de enajenación y anuncio de subasta", y el artículo 107 a la "Enajenación mediante adjudicación directa".

dad de la norma para entender excluidos a los apremios de la suspensión de la fase de realización o enajenación.

Por lo demás, el juez deberá acordar la suspensión cuando concurran los requisitos para ello previstos en la norma —*v.gr.*, tratarse de bienes o derechos necesarios para la continuidad de la actividad empresarial o profesional del deudor y encontrarse el procedimiento en fase de realización o enajenación—. Frente al automatismo con el que operan la prohibición de inicio de ejecuciones y la suspensión de las mismas contempladas en los artículos 600 y 601 LC, la regla segunda del artículo 605 simplemente *habilita al juez a acordarla cuando se solicite* ("[...] se *podrá suspender* exclusivamente en la fase de realización o enajenación *por el juez* que esté conociendo del mismo. Y cuando la ejecución sea extrajudicial, *la suspensión la podrá ordenar el juez* ante el que se haya presentado la comunicación, exclusivamente en la fase de realización o enajenación")[164]. Ahora bien, el hecho de que la suspensión de las ejecuciones del crédito público no se produzca de manera automática, no supone que el juez disponga de un margen de discrecionalidad para denegar la solicitud[165]. Como hemos señalado, una vez habilitado para ello, este deberá acordarla cuando concurran los requisitos establecidos en el artículo 605 I LC para ello.

> El régimen de paralización de las ejecuciones en el procedimiento especial de microempresas está condicionado por el carácter modular del mismo[166]. En el marco de este procedimiento, al igual que sucede

[164] No lo entiende así CABANAS, *Comentario art. 605 LC*, II[3], p. 942, quien, a pesar de la literalidad del precepto, considera que es automática.

[165] Sin embargo, entiende que la ley deja al juez margen de apreciación LADÓ, I&R, 7 (2022), pp. 190-191.

[166] Exposición de motivos, apartado V: "Uno de los aspectos más innovadores de este sistema es su carácter modular. Tradicionalmente, el Derecho concursal lleva aparejados una serie de efectos automáticos que tienen costes fundamentalmente para los acreedores. El procedimiento especial permite a las partes que soliciten su aplicación solo si así lo desean".

respecto de los planes de reestructuración, *la comunicación de apertura de negociaciones con los acreedores* al objeto de acordar un plan de continuación o una liquidación como empresa en funcionamiento *no provoca la suspensión de las ejecuciones de los créditos públicos* que quedan expresamente excluidos de la aplicación de la regla general (art. 690.3 y 4, párrafo primero LC). A salvo queda la posibilidad de *suspender la fase de realización o enajenación* durante tres meses cuando se trate de *bienes o derechos necesarios* para la continuidad de la actividad empresarial o profesional del deudor (art. 690.4, párrafo segundo LC)[167]. En cambio, con *la apertura del procedimiento especial, quedan paralizadas* ex lege *las ejecuciones singulares sobre los bienes y derechos del deudor*. De esta regla general sólo *se excluyen las ejecuciones de los créditos públicos de carácter privilegiado* —especial o general, pues el legislador no ha distinguido, *y sólo respecto de la parte del crédito tenga tal calificación*—, y en todo caso, las ejecuciones relativas a los porcentajes de las *cuotas de la Seguridad social* cuyo abono corresponda a la empresa por contingencias comunes y profesionales, así como los porcentajes de la cuota del trabajador referidas a contingencias comunes o accidentes de trabajo y enfermedad profesional *con independencia de que se afecten bienes o derechos necesarios para la continuidad de la actividad empresarial o profesional del deudor y se vaya a proceder a su realización*. Se trata de créditos que no pueden resultar afectados por

---

[167] Exposición de motivos, apartado V: "Tras la comunicación de apertura de negociaciones de microempresas, en el caso de los acreedores públicos, la regla general es la imposibilidad de suspensión de sus ejecuciones singulares. Como excepción, la suspensión exclusivamente podría acordarse durante la fase de realización o enajenación de los bienes o derechos necesarios para la continuidad de la actividad empresarial o profesional del deudor por un período limitado a tres meses. Todo ello, sin perjuicio de la posibilidad del deudor de solicitar la suspensión de las ejecuciones a partir de la solicitud de apertura del procedimiento especial de continuación". Subrayan la identidad existente entre este precepto y el artículo 605 II LC, VALENCIA, *Comentario art. 690 LC*, II^3, p. 1570 y N. ORELLANA, "Comentario del artículo 690 LC", en E. SANJUÁN/J.I. PEINADO (dirs.), *Comentarios al articulado del Libro Tercero del Texto Refundido de la Ley concursal*, Sepín, Madrid, 2023, pp. 95-113, p. 108.

> el plan de continuación y su realización, por lo tanto, no queda impedida por la paralización de las ejecuciones (arts. 694.4 y 698.3 LC)[168]. Con la presentación del plan de continuación —que puede ser simultánea a la solicitud de apertura del procedimiento— el deudor podrá solicitar la paralización de las ejecuciones sobre los bienes y derechos que resulten necesarios para la continuidad de su actividad empresarial o profesional y que deriven del incumplimiento de un crédito de derecho público, independientemente de que dichas ejecuciones se hubieran iniciado o no en el momento de solicitarla o del tipo de crédito de que se trate —privilegiado, ordinario o subordinado— (art. 701.1 LC)[169]. Dicha paralización tendrá una duración máxima de tres meses, que puede ser menor si antes se comprueba que objetivamente no se va a aprobar ningún plan (art. 701.3 LC).

De nuevo, la solución adoptada en sede de restructuraciones *contrasta con la prevista* desde la entrada en vigor de la Ley 38/2011, *en el concurso de acreedores.* Conforme a esta regulación, la realización de los créditos públicos, incluidos los tributarios, sobre bienes y derechos de la masa activa, queda afectada por la prohibición de inicio de ejecuciones singulares y apremios administrativos, así como por la suspensión de las ejecuciones ya iniciadas que se desencadena con la declaración de concurso (arts. 142 y 143.1 LC). Sólo cuando con anterioridad a esta se hubiera dictado *diligencia de embargo* que tuviera por objeto bienes o derechos no necesarios para la continuidad de la actividad empresarial o profesional del deudor y así lo hubiera declarado el juez del concurso, los acreedores públicos podrán continuar

---

168 Exposición de motivos, apartado V: "[…] Tampoco se suspenderán las ejecuciones de los créditos que no se vean afectados por el plan de continuación. Así, en el supuesto de los créditos públicos, no se suspenderá la ejecución de los créditos que tengan la calificación de privilegiados de acuerdo con las reglas generales […]". Por lo demás, lo dispuesto en el artículo 698.3 LC constituye norma especial con relación a la remisión que se hace en el art. 698.2 LC al régimen del libro II y, por lo tanto, no hay contradicción entre ellas.

169 V. *supra* nota nº 167.

con los procedimientos administrativos de ejecución (art. 144.1.2º LC)[170]. En cambio, en el caso de que los bienes o derechos objeto de embargo fueran necesarios para continuar dicha actividad, su realización quedará suspendida y los créditos se satisfarán dentro del procedimiento de acuerdo con la solución adoptada —*v.gr.*, convenio o liquidación—, y en los términos que correspondan en función de su rango —*v.gr.*, privilegiados especiales, privilegiados generales, ordinarios y subordinados— (art. 143.1 LC). La realización de las garantías reales de las que pueda beneficiarse el crédito público queda sujeta al régimen propio de estas (arts. 145 a 151 LC).

5.2. LA LÓGICA DE LA PARALIZACIÓN DE LAS EJECUCIONES SINGULARES Y SU REFLEJO EN LA DIRECTIVA

La paralización de las ejecuciones singulares sobre el patrimonio del deudor —referida tanto a la prohibición de inicio de nuevas ejecuciones, como a la suspensión de las ya iniciadas— tiene por objeto resolver los problemas de *acción colectiva* que surgen entre los acreedores desde que el deudor se encuentra en las inmediaciones de la insolvencia. Como es sabido, los acreedores tratan de realizar su interés individual ejercitando sus derechos de crédito a costa de los demás. En cambio, cuando los acreedores pierden la posibilidad de realizar individualmente sus créditos, pasan a tener incentivos para cooperar y encontrar una solución a las dificultades financieras del deudor que maximice el valor agregado de los créditos. La paralización de ejecuciones singulares permite así mantener el *status quo* por un tiempo limitado durante el cual se puede negociar el plan de reestructuración y evitar que, entre tanto, se disipe el valor del patrimonio del deudor en beneficio de unos

---

170 Al respecto, v. STS nº 789/2022, de 17 de noviembre (*Tol 9307339*), f.d. 2º.

acreedores —los que han llegado a ejecutar su patrimonio—, y en perjuicio de los demás[171]. Con carácter general, se entiende que se trata de una medida Pareto-eficiente, pues a resultas de su aplicación, ninguno de los acreedores afectados estará peor de lo que lo estaría sin ella y, en cambio, algunos de ellos estarán mejor al permitir que se adopte un plan de reestructuración que maximice el valor del patrimonio del deudor y mejore las posibilidades de satisfacción de los créditos[172]. Por esta razón, la paralización de las ejecuciones tiene una *duración limitada en el tiempo*: en nuestro ordenamiento, tres meses prorrogables por otros tres en las condiciones previstas legalmente (arts. 600, 601 y 607 LC). Asimismo, no va más allá de lo necesario en la limitación de las facultades individuales de los acreedores para mantener el *status quo*. Esto se concreta en que, en principio, la regla de la paralización *no afecta a la realización de bienes y derechos que no son necesarios para continuar la actividad empresarial y profesional del deudor* (arts. 600 y 601 LC; en el caso de las garantías reales, art. 603.1 LC). Además, los titulares de créditos con garantía real, cuyo valor *ex ante* resulta afectado por la suspensión, pueden solicitar al juez que la levante en caso de que les imponga un perjuicio injustificado. Concretamente, en caso de ser prorrogada, esta

---

171 D.G. BAIRD, *The Elements of Bankruptcy Law*, Foundation Press, Nueva York, 1993, p. 193. Asimismo, v. el considerando 32 de la directiva: "Un deudor debe poder disfrutar de una suspensión temporal de ejecuciones singulares, ya sea acordada por una autoridad judicial o administrativa o por ministerio de la ley con el fin de facilitar las negociaciones relativas a un plan de reestructuración, para ser capaz de continuar su actividad empresarial o, al menos, de preservar el valor de su masa patrimonial durante las negociaciones".

172 T. RICHTER, "Comentario del artículo 6", en C.G. PAULUS/R. DAMMANN (eds.), *European Preventive Restructuring. Directive (EU) 2019/1023. Article-by-Article Commentary*, Beck, Múnich, 2021, párr. 22, p. 111. La afectación por esta regla de los acreedores titulares de derechos reales de garantía plantea cuestiones particulares cuyo estudio excede el objeto de este trabajo.

puede ser levantada si provoca una disminución significativa del valor de su garantía (art. 608.2 LC)[173].

Dada la importancia de la paralización de las ejecuciones singulares para resolver los problemas de acción colectiva que típicamente surgen cuando un deudor se encuentra en dificultades financieras, la directiva impone a los Estados miembros un *doble deber*: velar por que *los deudores puedan beneficiarse de una paralización de ejecuciones* para que puedan negociar un plan de reestructuración con sus acreedores (art. 6.1), y por que la paralización de las ejecuciones individuales —del tipo que sean, pues la norma no distingue—, comprenda "*todas las categorías de créditos*, incluidos los créditos garantizados y los créditos preferentes" (art. 6.2)[174]. En este marco, los *Estados miembros pueden disponer que la paralización de ejecuciones operará de manera flexible*, permitiendo que se limite a determinados créditos o categorías de créditos, esto es, a aquellas que resulten imprescindibles para hacer posible la negociación[175]. En tal caso, esta paralización "limitada" sólo surtirá efectos frente a los acreedores a los que se les haya notificado el inicio de las negociaciones o la propia suspensión (art. 6.3). Sólo quedan excluidos *ex lege* de la paralización de ejecuciones los créditos de los que sean titulares los trabajadores (art. 6.5). Ahora bien, la directiva autoriza al legislador nacional a excluir otros créditos del ámbito de aplicación de la norma en circunstancias bien definidas, siempre que dicha exclusión esté "debidamente justificada" y concurra al menos

---

173 Quizás hubiera sido conveniente contemplar una compensación —p.ej., el abono de intereses— por el tiempo en que el acreedor con garantía real no puede realizar su garantía a partir del momento en que hubiera podido hacerlo. También es cuestionable que no pueda solicitar que se levante la paralización durante los tres primeros meses cuando exista el riesgo de deterioro del bien o derecho objeto de la misma.

174 Énfasis añadido.

175 B. SCHUIJLING, "Stay of individual enforcement actions", en *INSOL Europe Guidance Note on the Implementation of Preventive Restructuring Frameworks under EU Directive 2019/1023*, 2020, párr. 22, p. 9, disponible en https://www.insol-europe.org/publications/guidance-notes.

una de las siguientes condiciones: que no sea probable que la ejecución de los créditos ponga en peligro la reestructuración de la empresa, o que la suspensión de las ejecuciones perjudique injustamente a los titulares de los créditos que se pretende excluir (art. 6.4)[176]. Así, a diferencia de lo que se señala en la Exposición de motivos de la Ley 16/2022, no basta con que la directiva permita que la paralización de ejecuciones singulares se limite a determinados créditos o categorías de créditos (art. 6.3)[177]. Habiendo optado por establecer una paralización general que, en principio, está llamada a afectar a todos los créditos, incluidos los que gozan de garantía real (v. arts. 600, 601 y 603 LC), para ser compatible con la directiva, la exclusión del crédito público deberá fundarse en razones que la justifiquen debidamente y, además, satisfacer alguna de las condiciones que acabamos de exponer[178].

---

176 T. RICHTER/A. THERY, "Claims, Classes, Voting, Confirmation and the Cross-Class Cram-Down", en *INSOL Europe Guidance Note on the Implementation of Preventive Restructuring Frameworks under EU Directive 2019/1023*, 2020, párr. 22, p. 13, disponible en https://www.insol-europe.org/publications/guidance-notes, advierten de la necesidad de ser particularmente cuidadosos a la hora de excluir a determinados créditos de la paralización de ejecuciones en un escenario en el que el deudor trata de alcanzar un acuerdo con sus acreedores.

177 Apartado III: "También es compatible con la Directiva la regulación específica de los procedimientos de ejecución de los acreedores públicos de la suspensión de ejecuciones singulares en los marcos de reestructuración preventiva mediante la que se incorpora a la norma interna parte del artículo 6.3 de la Directiva que sirve de base a esta exclusión, y que señala: «Los Estados miembros podrán prever que la suspensión de ejecuciones singulares pueda ser general, para todos los acreedores, o limitada, para uno o varios acreedores individuales o categorías de acreedores»". También crítico con esta lectura de la directiva, GARCÍA-CRUCES, *De Iure Mercatus*, p. 4283.

178 En este sentido, RICHTER, *European Preventive Restructuring*, Art. 6, párrs. 17-18, p. 109, explica que la suspensión general es la que afecta a todos los créditos, salvo a aquellos que se benefician de una exclusión, mientras que la suspensión limitada o específica es la que sólo se aplica a determinados créditos o categorías de créditos.

5.3. ¿ESTÁ DEBIDAMENTE JUSTIFICADA LA EXCLUSIÓN DEL CRÉDITO PÚBLICO DE LA PARALIZACIÓN DE LAS EJECUCIONES?

La Exposición de motivos de la Ley 16/2022 ofrece una larga explicación sobre la que se pretende fundar la exclusión del crédito público de la regla general de la suspensión de las ejecuciones singulares. Dicha explicación se articula, fundamentalmente, en torno a cuatro argumentos que examinaremos a continuación. Ya anticipamos que ninguno de ellos sirve para justificar debidamente la exclusión del crédito público de la regla general de paralización de las ejecuciones singulares.

El primer argumento que se invoca tiene que ver con la propia *naturaleza de estos créditos.* En concreto, según la Exposición de motivos,

> "La exclusión de los créditos de derecho público de la regla general de prohibición de inicio de actuaciones o suspensión de las iniciadas cumple con la premisa contenida en el artículo 6.4 de la Directiva que se pretende trasponer, en base a la propia naturaleza de los mismos, según se desprende de los considerandos 33, 34 y 44".

Más allá de señalar su evidente condición de créditos de derecho público, el legislador español no apunta ninguna otra característica de estos créditos que justifique que deban ser excluidos de la regla general de paralización de las ejecuciones singulares. *La realización del interés público en que se maximice el cobro de los créditos de los que depende el sostenimiento del Estado no exige que dichos créditos sean excluidos de la regla general de paralización de las ejecuciones.* Tomando prestadas las palabras del Tribunal de Justicia en la sentencia dictada en los asuntos A y AEAT y S.E.I. y AEAT, dicha exclusión excede el límite de lo que es necesario para conseguir el objetivo de interés general perseguido por esta y resulta, por lo tanto, contraria al principio de proporcionalidad (v. apartados 50 y 81). Y es que hay alternativas menos gravosas para alcanzar ese resultado (p.ej., la aplicación de la reglas básicas de reparto; los privilegios materiales, que conservan su vigencia). Buena prueba de que esto es así es que en otros ordenamientos en los que también existe dicha preocupación no se permite que sus titulares puedan continuar con las ejecuciones sobre el patrimonio del deudor.

Este es, por ejemplo, el caso del derecho neerlandés, en el que se mantiene el tratamiento privilegiado del crédito público en la reestructuración, pero este no queda excluido de la paralización de ejecuciones que el deudor o el experto en la reestructuración puedan solicitar (art. 376.1 WHOA). Algo similar sucede en el derecho francés, donde la prohibición de ejecuciones individuales que se aplica en el procedimiento de *sauvegarde* y de *sauvegarde accelerée* alcanza a los créditos públicos que, por lo demás, mantienen su carácter privilegiado en la reestructuración[179]. En el derecho alemán se permite solicitar la paralización de las medidas de ejecución de cualquier acreedor que pueda resultar afectado por el plan y que hayan sido ordenadas tanto por una autoridad judicial, como administrativa (§ 49 StaRUG)[180]. También en el derecho italiano el deudor podrá solicitar que se paralicen las ejecuciones singulares sobre su patrimonio mientras está negociando un acuerdo con sus acreedores siempre que acredite que estos representan un 60% de su pasivo y el plan asegure el pago íntegro de aquellos con los que el deudor no está negociando o que no estén dispuestos a negociar (art. 54.2 y 3 del *Codice della crisi d'impresa*). Sólo los créditos de los trabajadores quedan excluidos *ex lege* de dicha paralización (art. 54.7 del *Codice della crisi d'impresa*). Ya con la solicitud de homologación del acuerdo, el deudor podrá solicitar la paralización de las ejecuciones singulares

---

179 MASTRULLO, *Revue des Sociétés*, juillet-août 2022, pp. 396-397 y 403.

180 Por todos, H. BOSS/M. LUTTMANN, "Comentario del § 49 StaRUG", en C. MORGEN (ed.), *Kommentar zur Gesetz über den Stabilisierungs- und Restrukturierungsrahmen für Unternehmen*, RWS, Colonia, 2022, RdN. 20-21 y 49, pp. 704 y 712; A.D. RIEWE, "Comentario del § 49 StaRUG", en F. JACOBY/C. THOLE (eds.), *Unternehmensstabilisierungs- und -restrukturierungsgesetz: StaRUG*, Beck, Múnich, 2023, RdN. 18; D. SKAURADSZUN, "Comentario del § 49 StaRUG", en R. STÜRNER/H. EIDENMÜLLER/H. SCHOPPMEYER/S. MADAUS (eds.), *Münchener Kommentar StaRUG*, Beck, Múnich, 2023, RdN. 28.

> de cualquier crédito (art. 54.1 y 2 del *Codice della crisi d'impresa*). Fuera de la Unión europea, en el *Chapter 11* estadounidense los *tax claims* quedan afectados por la reestructuración, de modo que les es de aplicación el *stay* o paralización de las ejecuciones[181].

Además, una lectura atenta de los considerandos 33, 34 y 44 de la directiva, citados en la Exposición de motivos, revela que ninguno de ellos contempla la posibilidad de excepcionar la regla general de paralización de las ejecuciones singulares en atención a la naturaleza pública de los créditos. Sólo en uno de esos considerandos se mencionan dos ejemplos de créditos que pueden quedar excluidos de dicha regla, pero por razones diversas a la condición de crédito público: "los que estén garantizados por activos cuya supresión no pondría en peligro la reestructuración de la empresa o los créditos de acreedores a quienes una suspensión provocaría un perjuicio injusto, por ejemplo, a causa de una pérdida no compensada o de una depreciación de las garantías"[182]. Pues bien, el legislador español tampoco ha puesto de manifiesto que en el caso del crédito público concurran cualquiera de estas circunstancias. De hecho, como vamos a ver, su exclusión de la regla general de paralización de las ejecuciones puede resultar perjudicial para la reestructuración (v. *infra* § 5.4). De ahí que este argumento deba ser rechazado.

---

[181] R. BROUDE, *Reorganizations under Chapter 11 of the Bankruptcy Code*, Law Journal Press, Nueva York, 2022, § 12.12[3], pp. 12-26 y 12-27. Cuestión distinta es que no quede afectado por el *automatic stay* "the commencement or continuation of an action or proceeding by a governmental unit to enforce such governmental unit's police or regulatory power" (v. § 364(a)(1)). En este supuesto no estamos ante procedimientos de ejecución. Como señala BAIRD, *The Elements*, pp. 199-202, la situación de insolvencia no puede impedir al Estado abrir un procedimiento contra el deudor por infracción de normas federales o estatales (p.ej., relativas a la protección del medio ambiente; a la regulación del sector bancario, a la defensa de la competencia, etc.). Entre nosotros, en este sentido, v. también PÉREZ CRESPO, I&R, 7 (2022), p. 337, nota nº 79.

[182] Considerando 34.

El segundo argumento que se presenta en la Exposición de motivos de la Ley 16/2022 para excluir al crédito público de la paralización de las ejecuciones pendientes se vincula a *la "generación" de deudas tributarias o de la Seguridad social* y a la imposibilidad de que, en ese caso, el deudor pueda beneficiarse de la paralización de las ejecuciones. Se esboza, de este modo, una suerte de argumento *a maiori, ad minus*: si la directiva impide, de manera general, que el deudor se beneficie de la paralización de las ejecuciones singulares cuando tiene pendiente el pago de deuda tributaria y de la Seguridad social, también habrá de permitir que (sólo) se excluya de dicha paralización a la categoría específica de los créditos públicos. Así,

> "Si el legislador europeo contempla expresamente la generación de deuda tributaria o de Seguridad Social como regla objetiva para que quien incurra en esta conducta no pueda beneficiarse, en ningún caso, de la suspensión de la ejecución de sus créditos, no parece razonable pretender en coherencia con el texto europeo, en aplicación de la Directiva, que los créditos públicos, como categoría específica especialmente cualificada, no puedan quedar excluidos de la suspensión automática con carácter particular"[183].

Este argumento resulta sorprendente, pues la directiva no contiene ninguna previsión que permita excluir, en todo caso, de la paralización de las ejecuciones singulares a aquellos deudores que "generen" deudas con la Hacienda pública o con la Seguridad social, esto es, que tengan obligaciones pendientes de pago con tales instituciones. La directiva sólo contempla la posibilidad de denegar la paralización de las ejecuciones singulares cuando esta no resulte necesaria o no permita cumplir con el objetivo de favorecer la negociación de un plan de reestructuración entre el deudor y sus acreedores (art. 6.1). Entre los motivos concretos de denegación de la paralización que pueden contemplar las legislaciones nacionales se señala *la incapa-*

---

[183] Exposición de motivos de la Ley 16/2022, apartado III.

cidad del deudor para pagar las deudas a su vencimiento, si así lo dispone el derecho nacional[184]. Al lector atento no se le escapará la proximidad de este motivo con la definición de insolvencia (art. 2.3 LC), ni el margen de apreciación que la directiva deja a los Estados miembros para determinar qué grado de deterioro patrimonial permite al deudor beneficiarse de este marco[185]. Para facilitar la prueba de la existencia de alguno de los motivos que justifican que se deniegue la paralización de ejecuciones, la directiva permite a los Estados miembros establecer presunciones *iuris tantum* de la existencia de los mismos. Y entre las circunstancias que pueden integrar dichas presunciones señala, a modo de ejemplo, la adopción por parte del deudor "[...] de un comportamiento típico de alguien que no puede pagar las deudas vencidas, como un impago importante con respecto a los trabajadores o a las administraciones tributarias o de Seguridad social"[186].

En rigor, lo que hace la directiva es permitir a los Estados miembros disponer en sus normas nacionales dos cosas: la primera, que *la incapacidad del deudor para pagar las deudas a su vencimiento constituye un motivo para privarle de la*

---

184 Considerando 32. Todavía con más claridad, en la versión inglesa: "[...] or, where so provided under national law, the debtor's actual inability to pay debts as they fall due".

185 Respecto de la discrecionalidad que la directiva reconoce a los Estados miembros en este punto, v. RICHTER, *European Preventive Restructuring*, Art. 6, párr. 10-11.

186 Considerando 33. LADÓ, I&R, 7 (2022), p. 188, entiende que esta presunción confiere a los Estados miembros un margen de apreciación en relación con los créditos públicos. Sin embargo, a nuestro juicio, la discrecionalidad se concede respecto del grado de deterioro patrimonial en el que el deudor puede acogerse a los marcos de reestructuración y no al hecho de si el crédito público ha de quedar afectado por el plan (v. nota anterior). Por lo demás, como veremos seguidamente, dicha presunción no justifica la exclusión del crédito público de la paralización de las ejecuciones singulares en nuestro ordenamiento. En términos parecidos, GARCÍA-CRUCES, *De Iure Mercatus*, p. 4284. También, J.C. GONZÁLEZ VÁZQUEZ, *Píldoras sobre la reforma del texto refundido de la Ley Concursal (Ley 16/2022) Análisis crítico con enfoque práctico*, Tirant lo Blanch, Valencia, 2023, p. 30.

posibilidad de obtener la paralización de las ejecuciones singulares; y la segunda, que un *impago importante de determinados créditos*, como es el caso de los créditos tributarios y de la Seguridad social, *constituye una presunción refutable de la existencia de dicha incapacidad de pago* e impide, pues, al deudor beneficiarse de una paralización de las ejecuciones singulares que le permita negociar un plan de reestructuración con sus acreedores. La idea sobre la que se construye este motivo para no acordar la paralización de las ejecuciones singulares es que el *deudor se encuentra, en ese caso, en una situación de grave deterioro patrimonial en la que ya no es posible la reestructuración* y, por tanto, el legislador nacional puede razonablemente excluirla[187]. Como se puede observar, la directiva no ha previsto que el deudor que tenga deudas pendientes con Hacienda o con la Seguridad social no pueda en ningún caso beneficiarse de la paralización de las ejecuciones de esos créditos[188]. Lo que ha previsto es que puede ser un justo motivo para impedir que un deudor se beneficie de la paralización de ejecuciones sobre su patrimonio la existencia de un impago importante —y no cualquier impago— de determinados créditos que revela un grave deterioro patrimonial para el que la reestructuración no constituye una respuesta adecuada.

Aclarado lo anterior, lo cierto es que el *legislador español no ha contemplado la incapacidad del deudor para satisfacer sus deudas en el momento del vencimiento como un motivo que le impida, en el caso concreto, beneficiarse de la paralización de las ejecuciones singulares respecto de los créditos afectados por la reestructuración*. La existencia de deudas pendientes, sean del tipo que sean, no constituye en la Ley 16/2022 un motivo que impida al deudor beneficiarse de dicha paralización. En realidad, el legislador español ha llegado a la solución opuesta: ha incluido en el presupuesto objetivo del precon-

---

187 RICHTER, *European Preventive Restructuring*, Art. 6, párrs. 10-11, p. 107; RICHTER/THERY, *INSOL Europe Guidance*, 2020, párr. 63, p. 21.

188 Parece, no obstante, que esa es la lectura que hace del precepto NOVO, *El nuevo marco jurídico*, p. 7.

curso las situaciones de insolvencia inminente y actual del deudor junto a la probabilidad de insolvencia (arts. 584.1 y 636 LC) y ha dispuesto que, en todas estas situaciones, quedan paralizadas *ex lege*, como consecuencia de la comunicación al juzgado del inicio de las negociaciones, las ejecuciones singulares sobre los bienes y derechos necesarios para la actividad empresarial o profesional del deudor con el fin de favorecer la negociación de un plan de reestructuración (arts. 600 y 601 LC)[189]. Siendo esto así, el legislador español no puede invocar el impago de las deudas tributarias y de la Seguridad social como una razón para excluir al crédito público de la paralización de las ejecuciones singulares de manera general y en cualquier situación. En consecuencia, el segundo argumento ofrecido por el legislador en la Exposición de motivos ha de ser también rechazado.

El tercer argumento que se presenta en la Exposición de motivos de la Ley 16/2022 es que la directiva permite reestructurar el pasivo del deudor a través de otros procedimientos, entre los que se encuentran los procedimientos especiales de aplazamiento y fraccionamiento de los créditos públicos, en los que las ejecuciones no quedan suspendidas. Así, se afirma lo siguiente:

> "Dada la finalidad de favorecer las negociaciones (artículo 6.1 de la Directiva) y que en los considerandos de la Directiva se indica: «el paso del tiempo normalmente solo se traduce en una mayor pérdida de valor del deudor o de su empresa» y que «las dificultades financieras de los empresarios pueden tratarse de manera eficiente no solo mediante procedimientos de reestructuración preventiva sino también a través de procedimientos que pueden llevar a la exoneración de deudas o a reestructuraciones informales a partir de acuerdos contractuales», equivaliendo los aplazamientos y frac-

189 No está de más recordar en este punto que la insolvencia actual del deudor puede evidenciarse por el sobreseimiento generalizado en el pago de las obligaciones tributarias y de la Seguridad social durante los tres meses anteriores a la declaración de concurso (art. 2.4.5º LC). En principio, nada impide, en este caso, que siendo la empresa viable, esta pueda ser objeto de reestructuración.

> cionamientos regulados en la normativa tributaria a las reestructuraciones informales de la Directiva, es evidente que la utilización del sistema de aplazamientos y fraccionamientos determina, con carácter general, la no suspensión de ejecuciones singulares para el acreedor público".

Con este argumento, se pretende equiparar los diversos procedimientos de aplazamiento y fraccionamiento contemplados en la legislación tributaria y de la Seguridad social, con las "reestructuraciones informales a partir de acuerdos contractuales" a los que se refiere la directiva y, sobre la base de esta equiparación, aquellos procedimientos se consideran una alternativa a la reestructuración formal —entendemos que para el crédito público—[190]. Sin embargo, esta justificación no se sostiene. Por una parte, la lectura que se hace de la directiva en la Exposición de motivos no es correcta. *La norma europea permite a los Estados miembros excluir a los empresarios individuales* —y no a cualquier empresario— *de los marcos de reestructuración preventiva y establecer para ellos instrumentos de reestructuración informal* (considerando 20 y art. 1.4)[191]. Esto, además, no tiene nada que ver con que se saque la reestructuración del crédito público que el deudor necesita para asegura la viabilidad de la empresa de los instrumentos que el Estado pone a disposición de cualquier deudor (art. 583.1 LC, con la excepción de las microempresas que se sujetan al procedimiento especial del libro III), y se lleve a los procedimientos de fraccionamiento y aplazamiento en los pagos que se establecen al margen de aquellos. Reconducir la reestructuración del crédito público a estos procedimientos sólo tiene sentido cuando las dificultades del deudor sean limitadas y se reduzcan a este tipo de créditos.

> En este punto, resulta oportuno señalar la defectuosa traducción al español del considerando 20 de la direc-

---

190 P. THOMÀS, "Reestructuraciones y crédito público en la ley 16/2022 de 5 de septiembre", ADCo, nº 58, 2022, II.3.3 (versión Proview).

191 DAMMANN, *European Preventive Restructuring*, Art. 1, párr. 4.

tiva. En su redacción actual, este dispone lo siguiente: "[a]demás, los Estados miembros deben poder limitar el acceso de *personas jurídicas* a los marcos de reestructuración preventiva, puesto que las dificultades financieras de los empresarios pueden tratarse de manera eficiente no solo mediante procedimientos de reestructuración preventiva sino también a través de procedimientos que pueden llevar a la exoneración de deudas o a reestructuraciones informales a partir de acuerdos contractuales"[192]. Sin embargo, el examen de otras versiones lingüísticas revela que *no se trata de excluir a las personas jurídicas de los marcos de reestructuración preventiva, sino justamente de lo contrario. Se trata de limitar el acceso a los marcos de restructuración preventiva a las personas jurídicas y excluir a las personas físicas,* teniendo en cuenta que las dificultades de los empresarios individuales también pueden tratarse de manera efectiva por otras vías, como puedan ser la exoneración de deudas o las reestructuraciones informales[193].

---

192 Énfasis añadido.

193 En inglés: "to limit the access to preventive restructuring frameworks to legal persons, since the financial difficulties of entrepreneurs may be efficiently addressed not only by means of preventive restructuring procedures but also by means of procedures which lead to a discharge of debt or by means of informal restructurings based on contractual agreements"; en francés: "Les États membres devraient également pouvoir réserver l'accès aux cadres de restructuration préventive aux personnes morales, étant donné que les difficultés financières des entrepreneurs peuvent être résolues de manière efficace non seulement au moyen des procédures de restructuration préventive, mais aussi par le recours aux procédures ouvrant la voie à une remise de dettes ou aux restructurations informelles sur la base d' accords contractuels"; en alemán: "Die Mitgliedstaaten sollten ferner in der Lage sein, den Zugang zu präventiven Restrukturierungsrahmen auf juristische Personen zu beschränken, da die finanziellen Schwierigkeiten von Unternehmern nicht nur durch präventive Restrukturierungsverfahren, sondern auch durch Entschuldungsverfahren oder durch informelle Restrukturierungen auf der Grundlage vertraglicher Vereinbarungen effizient geregelt werden können."; en italiano: "Gli Stati membri dovrebbero anche poter limitare l'accesso ai quadri di ristrutturazione preventiva alle persone giuridiche, in quanto le difficoltà finanziarie degli imprenditori possono essere affrontate non solo mediante procedure di ristrutturazione preventiva ma anche tramite procedure che portano

Por otra parte, contrariamente a lo que se señala en la Exposición de motivos de la Ley 16/2022, los procedimientos de fraccionamiento y aplazamiento del pago de los créditos públicos no constituyen una verdadera alternativa a las reestructuraciones formales. En primer lugar, no existe correspondencia entre los créditos públicos que pueden beneficiarse de cada uno de estos instrumentos. En efecto, no todos los créditos públicos que, de acuerdo con la directiva, podrían reestructurarse mediante un instrumento de reestructuración formal, pueden beneficiarse de tales procedimientos (v. D.A. 11ª ley 16/2022 y art. 65.2 LGT; art. 23 TRLGSS). Así, por ejemplo, no pueden beneficiarse de ellos los créditos resultantes de las obligaciones a cumplir por el retenedor o el obligado a realizar pagos a cuenta, o los derivados de las obligaciones tributarias que deba cumplir el obligado a realizar pagos fraccionados del Impuesto sobre Sociedades. Pero, además, en segundo lugar, no se puede olvidar que, frente a los instrumentos de reestructuración formal —que en el modelo establecido por la directiva son colectivos—, los acuerdos de aplazamiento y fraccionamiento del pago de los créditos públicos tienen *carácter singular*, pues se celebran entre un determinado acreedor público y el deudor[194]. De hecho, los diversos créditos públicos se reestructuran a través de distintos acuerdos —piénsese, por ejemplo, en los créditos tributarios y los créditos de la Seguridad social que se sujetan a procedimientos distintos; o en los créditos tributarios estatales y los de las haciendas forales, con los que sucede

---

all'esdebitazione o per mezzo di ristrutturazioni informali basate su accordi contrattuali"; y en portugués: "Os Estados-Membros deverão também poder limitar o acesso aos regimes de reestruturação preventiva às pessoas coletivas, porquanto as dificuldades financeiras dos empresários podem ser tratadas de modo eficiente não só através de processos de reestruturação preventiva, mas também através de processos conducentes a um perdão da dívida ou através de reestruturações informais com base em acordos contratuais".

194 Sobre el carácter colectivo de los marcos de reestructuración preventiva de la directiva, DAMMANN, *European Preventive Restructuring*, Art. 1, párr. 50.

algo parecido—[195]. Esta diferencia tiene consecuencias importantes. En el caso de las reestructuraciones formales, la cooperación entre los acreedores afectados permite que los bienes y derechos que integran el patrimonio del deudor se destinen a la finalidad a la que los destinaría su único dueño, esto es, aquella que hace máximo su valor. De este modo, consiguen maximizar la recuperación conjunta de sus créditos[196]. En cambio, en la negociación de aplazamientos y fraccionamientos de los créditos tributarios o de la Seguridad social la cooperación entre acreedores no es posible, pues la negociación entre el deudor y las distintas administraciones públicas —p.ej., la AEAT, la TGSS, las administraciones tributarias forales, pero también las autonómicas y locales cuando no tengan suscritos convenios con AEAT para la recaudación de los créditos de naturaleza pública de los que sean titulares— es *bilateral* y permite maximizar el valor particular de los concretos créditos afectados por cada acuerdo sin tener en cuenta las consecuencias que esto pueda tener sobre la recuperación de los demás. En consecuencia, cuando las dificultades del deudor le obliguen a reestructurar buena parte de su pasivo, privado o público, los procedimientos de fraccionamiento y aplazamiento en los pagos no constituyen una alternativa real y efectiva a las reestructuraciones[197].

---

195 Al respecto, v. art. 63 de la norma foral 2/2005, de 10 de marzo, general tributaria del Territorio Histórico de Bizkaia; art. 64 de la norma foral 2/2005, de 8 de marzo, general tributaria del Territorio Histórico de Gipuzkoa; art. 64 de la norma foral 6/2005 general tributaria de Álava, y la ley foral 13/2000, de 14 de diciembre, general tributaria, DDAA 37ª y 40ª.

196 TOLLENAAR, *Pre-Insolvency Proceedings*, p. 70.

197 En el informe presentado por el Consejo General del Poder Judicial ya se señalaban las insuficiencias del sistema de aplazamiento y fraccionamiento que "[...] podrán permitirles estar al corriente de sus obligaciones, pero no restructurar la compañía". *Informe sobre el Anteproyecto de Ley de reforma del Texto Refundido de la Ley Concursal*, 2021, párr. 99, disponible en https://www.poderjudicial.es/stfls/CGPJ/COMISI%C3%93N%20DE%20ESTUDIOS%20E%20INFORMES/INFORMES%20DE%20LEY/FICHERO/20211125%20Informe%20Anteproyecto%20de%20Ley%20de%20reforma%20

A la vista de lo anterior, el hecho de que, como se señala en la Exposición de motivos, los apremios administrativos no resulten paralizados durante la tramitación de las solicitudes de aplazamiento o fraccionamiento en los pagos (art. 65.5 LGT) no es un argumento que justifique que, una vez iniciada la negociación de un plan de reestructuración, los acreedores públicos puedan seguir recurriendo a las ejecuciones singulares como instrumentos de tutela individual de sus créditos. Todo lo contrario. De hecho, debería ser al revés. Suponiendo que los procedimientos de aplazamiento o fraccionamiento en los pagos pudieran verse como una alternativa a los marcos de reestructuración preventiva —que, como hemos visto, no lo son—, conforme a lo dispuesto en la directiva "[...] el deudor debe poder acogerse a todos los derechos y garantías previstos por la presente Directiva con el fin de lograr una reestructuración efectiva", lo que incluye, entre otras, la paralización de ejecuciones[198]. Esto significa que legislador español estaba obligado a suprimir la disposición que permite continuar con las ejecuciones iniciadas en el marco de dichos procedimientos y, en cualquier caso, impedía que se extendiera una regla como esta a los planes de reestructuración. Sin embargo, dicha disposición no se ha suprimido y, además, el hecho de no hacerlo se invoca como un argumento para extender la solución al ámbito de los planes de reestructuración desconociendo de manera palmaria de los objetivos de la directiva.

Por último, en cuarto lugar, el legislador argumenta que la exclusión del crédito público de la regla general de la paralización de las ejecuciones singulares no perjudica la reestructuración de las empresas, pues existe un mecanismo específico para la reestructuración de la deuda tri-

---

del%20texto%20refundido%20de%20la%20Ley%20Concursal.pdf. Aunque a partir de otros argumentos, entiende, también, que estamos ante instituciones diferentes, GARCÍA-CRUCES, *De Iure Mercatus*, p. 4285.

198 Considerando 29.

butaria y de la Seguridad social que es el aplazamiento y fraccionamiento de los pagos de los créditos públicos. Así,

> "En virtud de las consideraciones previamente formuladas, ha de concluirse que la presente regla específica de la suspensión en la ley cumple con las dos premisas recogidas en el artículo 6.4 de la Directiva; la misma no pone en peligro la reestructuración de la empresa, en la medida en que la regulación específica tanto en Derecho tributario como en Seguridad Social cuenta con mecanismos de reestructuración de la deuda de empresas en el presupuesto del libro segundo, como el aplazamiento y el fraccionamiento de deuda, lo que además resulta coherente con la naturaleza de la regulación sectorial, en la medida en que en el Real Decreto 1415/2004, de 11 de junio, por el que se aprueba el Reglamento General de Recaudación de la Seguridad Social, la presentación de la solicitud de aplazamiento no suspende el procedimiento recaudatorio, lo que no ha impedido la reestructuración y flexibilización de las condiciones de regularización de la deuda de las empresas, en ejercicio de las facultades de autotutela de la Administración Tributaria y de Seguridad Social".

Sin embargo, esta conclusión resulta más que cuestionable. Excluir al crédito público de la paralización de ejecuciones exacerba el dilema del caladero común, dificultando la cooperación entre los acreedores y, con ello, la reestructuración —que, tratándose de empresas viables, es la forma en la que se maximiza su valor— en detrimento del conjunto de los acreedores[199]. Además, en ese procedimiento no se suspenden las ejecuciones sobre el patrimonio del deudor, sino sólo la fase de realización (art. 65.5 II LGT), con las nefastas consecuencias que la traba de embargos sobre los activos más líquidos del deudor puede tener sobre la viabilidad de la empresa (v. *infra* § 5.4). Por lo tanto, el argumento según el cual la exclusión del crédito público de la paralización de las ejecuciones no pone en peligro

---

[199] Con carácter general, RICHTER, *European Preventive Restructuring*, Art. 6, párr. 22, p. 110.

la reestructuración pues puede reestructurase a través de procedimientos particulares también ha de ser descartado.

Todo lo expuesto hasta aquí pone de manifiesto que la larga explicación ofrecida por el legislador en la Exposición de motivos de la Ley 16/2022 para fundar la exclusión del crédito público de la regla general de la suspensión de las ejecuciones singulares resulta inoperante. En consecuencia, esta exclusión no puede considerarse debidamente justificada como, sin embargo, exige la directiva. Las implicaciones de este incumplimiento de la norma europea serán expuestas más adelante (v. *infra* § 5.5), una vez que hayamos examinado las consecuencias que una medida como esta puede tener en las reestructuraciones (v. *infra* § 5.4).

5.4. EL PELIGRO PARA LA REESTRUCTURACIÓN Y EL PERJUICIO PARA LOS ACREEDORES PÚBLICOS

Como dijimos, para excluir a determinados créditos o a una categoría de créditos de la prohibición de ejecuciones singulares es necesario, además de que la exclusión esté debidamente justificada, que concurra al menos una de las siguientes condiciones: que no sea probable que la ejecución ponga en peligro la reestructuración de la empresa, o que la suspensión de las ejecuciones perjudique injustamente a los titulares de los créditos que se pretende excluir (art. 6.4). Dejando, por el momento, de lado la falta de justificación material de la que adolece la exclusión y que apuntábamos en el apartado anterior, vamos a examinar a continuación si, en el caso de la exclusión del crédito público de la paralización de las ejecuciones, concurre alguna de estas condiciones.

Por lo que se refiere a la primera condición —que no sea probable que la ejecución ponga en peligro la reestructuración de la empresa—, hay que señalar de inmediato que la exclusión de los créditos públicos de la paralización de las ejecuciones *resulta muy perturbadora,* pues puede ocasionar una *importante salida de liquidez del patrimonio del deudor cuando está tratando de reestructurar su pasivo.* Recordemos que la suspensión de la fase de realización o enajenación sólo se produce respecto de los bienes y derechos que sean necesarios para la reestructuración y, por lo tanto, no alcanza a los que no sean necesarios (art. 605 II LC). Entonces, *los titulares de créditos públicos podrán embargar los bienes y derechos que no sean necesarios para la reestructuración y realizarlos o ejecutarlos forzosamente mientras se negocia el plan* sin que, a diferencia de lo dispuesto en el artículo 602 LC, el deudor pueda solicitar al juez que extienda a estos la paralización cuando sea necesario para el buen fin de las negociaciones. Al objeto de evitar la ejecución o la realización de estos activos, el deudor deberá satisfacer lo adeudado. Además, estos embargos pueden alcanzar a los saldos en cuentas corrientes y a los derechos de crédito de los que sea titular el deudor, con las consecuencias que ello puede tener sobre la tesorería de la empresa y, por ende, en su liquidez, en un momento particularmente delicado como es el de la negociación del plan. Adviértase que estos activos sólo se considerarán necesarios cuando de ellos dependa la continuidad de la empresa —*v.gr.*, por constituir su única fuente de ingresos—[200]. *En el caso de los bienes y derechos que sean*

---

200 Los tribunales han entendido respecto del dinero y los derechos de crédito que "[h]abrá que estar al caso concreto, atendiendo, fundamentalmente, no tanto a la naturaleza de los bienes cuanto a las circunstancias que rodean al concursado y, en concreto, si viene ejerciendo su actividad ordinaria y si la viabilidad de la empresa se presenta como probable. Bienes que nadie dudaría que son «necesarios» para la continuidad, como la nave o la maquinaria, no lo serán si la empresa ha cesado completamente su actividad y viceversa, *el dinero o los derechos de crédito, que por su naturaleza podría discutirse su carácter de bienes o derechos necesarios, podrán ser tenidos en cuenta a estos efectos si de ellos depende la supervivencia de la empresa*". En estos términos se pronuncian los AAP de Barcelona (Sección 15ª) nº 36/2014, de 10 de abril (*Tol 4399094*), f.d. 4º, y nº 208/2015, de 25 de noviembre (*Tol 5609149*), f.d. 2º (énfasis añadido). En el segundo caso, la Audiencia consideró que los derechos de crédito embargados por la AEAT constituían la *única fuente regular de ingresos del deudor* y que,

necesarios para la reestructuración, una vez acordada la suspensión, la ley dispone que esta se *levantará automáticamente transcurridos tres meses desde la comunicación del inicio de las negociaciones* (art. 605 II LC). Este automatismo tiene un riesgo que no debe pasar desapercibido si se entiende —como sostienen algunos autores— que no es posible prorrogar la paralización de las ejecuciones respecto del crédito público[201]. En este caso, el fin de la paralización puede ser aprovechado por los titulares de los créditos públicos para realizar los bienes y derechos que hubieran sido objeto de embargo, lo cual les permitiría extraer valor del patrimonio del deudor mientras todavía se está negociando el plan. En este sentido, resultan especialmente preocupantes los embargos trabados sobre aquellos activos cuya realización resulta más sencilla —p.ej., los saldos positivos de una cuenta corriente (art. 79.6 RGR)—. Este mismo riesgo puede darse cuando concluida la prórroga de los efectos de la comunicación que, a nuestro juicio, se extiende a los créditos públicos en los términos indicados, la suspensión se levante automáticamente antes de que pueda adoptarse la providencia de admisión a trámite de la solicitud de homologación que desencadena una nueva paralización de las ejecuciones (art. 644.1 LC). Por lo demás, *no estando los créditos públicos afectados por el plan de reestructuración* —p.ej., por no encontrase el deudor al corriente de pago de las obligaciones tributarias y de la Seguridad social—, *sus titulares podrán proceder a la realización o ejecución de los activos del deudor que embargaron mientras se negociaba el plan inmediatamente después de que finalice la suspensión derivada de la comunicación o, en su caso, la paralización resultante de la providencia de admisión a*

---

por lo tanto, tenían carácter necesario (f.d. 3º). Sin embargo, en el primer caso estimó que las rentas de los inmuebles propiedad de la concursada no merecían la consideración de derechos necesarios cuando, además, esta se encontraba abocada a la liquidación y no se contemplaba la enajenación de estos bienes como unidad productiva (f.d. 6º).

201 CABANAS, *Comentario art. 605 LC*, II[3], p. 942; FACHAL, *Nuevo marco*, IV.4.2. Sin embargo, en este trabajo hemos sostenido la posición contraria (v. *supra* § 5.1).

trámite de la solicitud de homologación. Y ello cuando pudieran ser necesarios para la continuidad de la actividad empresarial o profesional del deudor. De nuevo, para evitarlo, el deudor deberá satisfacer lo adeudado. Pues bien, esta salida de liquidez que provoca la exclusión del crédito público de la prohibición de ejecuciones singulares puede agravar su situación financiera, comprometiendo la viabilidad de la empresa y poniendo el peligro la propia reestructuración (arts. 638.1º, 654.4º, 655.1 y 656.1.4º LC)[202]. Para evitarlo, el deudor puede, ciertamente, tratar de llegar a acuerdos particulares de aplazamiento y fraccionamiento de los pagos de los créditos públicos con sus distintos titulares[203]. Sin embargo, lejos de resolver la cuestión, la negociación de este tipo de acuerdos plantea los problemas que ya hemos tenido ocasión de señalar —*v.gr.*, la redistribución de valor en perjuicio de los demás acreedores; el enmascaramiento de la situación patrimonial del deudor; la exacerbación del dilema del caladero común; el incremento de los costes de la reestructuración, etc. (v. *supra* §§ 4.1 y 5.3)—.

A lo anterior hay que añadir que, en el caso de los *bienes y derechos que sean necesarios para la reestructuración, la mera posibilidad de que puedan trabarse embargos sobre estos es problemática pues impiden que el deudor pueda disponer de los activos afectados*. Esta restricción resulta particularmente preocupante en el caso de los saldos positivos en cuentas corrientes y los derechos de crédito frente a terceros por el impacto que tiene sobre la tesorería del deudor. En efecto, tales embargos permiten a los titulares de créditos públicos retener de manera inmediata el importe que exista o que pueda existir en las cuentas del deudor e impiden que reciba los pagos

---

202 En términos similares, v. RICHTER, *European Preventive Restructuring*, Art. 2, párr. 26, p. 66, subraya las consecuencias negativas de los embargos que las autoridades públicas puedan trabar sobre las cuentas del deudor y su capacidad de arrastrarle rápidamente a una muerte financiera. Entre nosotros, THOMÀS, ADCo, 58 (2022), II.2, y FACHAL, *Nuevo marco*, IV.4.2 apuntan el riesgo de que se impida que la reestructuración pueda tener éxito.

203 En este sentido, LADÓ, I&R, 7 (2022), p. 191.

correspondientes a los créditos mientras no salde la deuda que dio lugar a los mismos (arts. 19.2 y 3 y 81 RGR). Estando el deudor en una situación de dificultades financieras, en la que probablemente no pueda hacer frente al pago de los créditos públicos que los hayan provocado, aquellos pueden conducir a su "estrangulamiento" financiero y a frustrar sus opciones de reestructuración. A la vista está que de nada sirve, en estos casos, paralizar la realización y enajenación de tales bienes y derechos si los titulares de los créditos públicos pueden trabar embargos que impidan al deudor disponer de activos como los señalados cuando más necesarios pueden resultar para garantizar la viabilidad de la empresa y posibilitar su continuidad.

Por lo que se refiere a la segunda condición —que la suspensión de las ejecuciones perjudique injustamente a los titulares de los créditos públicos—, esta tampoco se cumple. En efecto, no hay razones para pensar que la paralización de las ejecuciones pueda perjudicarles injustificadamente —al menos, no más de lo que perjudica al resto de los acreedores—. De hecho, en la Exposición de motivos de la Ley 16/2022 el legislador no ha esbozado la más mínima explicación al respecto[204].

---

204 Frente a lo que sucedía en la Memoria del Análisis del Impacto Normativo del Anteproyecto de Ley de reforma del TRLC. Así lo señala FACHAL, *Nuevo marco*, IV.4.2, que recoge la curiosa explicación ofrecida en este documento: "La suspensión de la ejecución singular de los créditos de derecho público perjudicaría injustamente a los acreedores institucionales provocando la pérdida de su facultad de autotutela sobre los 2.3 millones de aplazamientos vigentes". A la vista de los ejemplos de perjuicio injustificado que se apuntan en el considerando 37 de la directiva —que los créditos resultasen mucho más perjudicados como consecuencia de la suspensión que si la suspensión no se aplicara, o que el acreedor se encuentre en una situación de mayor desventaja frente a otros acreedores en una posición similar—, el argumento ofrecido, que se funda básicamente en la pérdida de la facultad de autotutela, resulta manifiestamente insuficiente para acreditar que la paralización de las ejecuciones impone un perjuicio injustificado a los créditos públicos.

Así las cosas, no concurre ninguna de las dos condiciones que establece la directiva para que los legisladores nacionales puedan excluir de manera justificada ciertos créditos de la paralización de las ejecuciones individuales. En consecuencia, la exclusión del crédito público no puede considerarse compatible con lo dispuesto en aquella (art. 6.1, 2 y 4)[205].

5.5. LA CORRECCIÓN DE LA SOLUCIÓN CONTRARIA A LA DIRECTIVA

En una situación como la expuesta, ya vimos que, de acuerdo con la jurisprudencia del Tribunal de Justicia, los particulares están legitimados para invocar directamente ante los tribunales nacionales las disposiciones de la directiva que les reconozcan un derecho contra el Estado miembro en cuestión y no hayan sido transpuestas en plazo o hayan sido transpuestas incorrectamente, siempre que dichas disposiciones impongan a los Estados miembros una obligación incondicional y suficientemente precisa. En estas circunstancias, en virtud del principio de primacía, los órganos jurisdiccionales nacionales están obligados a atender la pretensión del particular fundada en la disposición de la directiva que le reconozca tal derecho y que tenga efecto directo, inaplicando la norma nacional incompatible con esta —efecto de exclusión—, o desplazando la norma nacional y sustituyéndola por lo dispuesto en la directiva —efecto de sustitución— (v. *supra* § 4.5).

En el caso que nos ocupa, la directiva reconoce a los particulares el derecho a beneficiarse de la paralización de las ejecuciones singulares para negociar un plan de reestructuración respecto de cualquier crédito, incluyendo aquí a los créditos públicos de los que son titulares las administra-

---

205 Llega a la misma conclusión, AZOFRA, I&R, 7 (2022), p. 120. Sin embargo, pese a lo expuesto, considera que es compatible, GONZÁLEZ VÁZQUEZ, *Píldoras*, p. 30.

ciones públicas que forman parte del Estado (arts. 6.1 y 2). Y este derecho sólo puede ser limitado en las condiciones previstas en la directiva (art. 6.4). Pues bien, al excluir al crédito público de la paralización de ejecuciones singulares en los términos expuestos, el legislador español no ha traspuesto correctamente la directiva. *Esta impone a los Estados miembros una obligación incondicional y suficientemente precisa en este punto.* En efecto, aunque los Estados miembros disponen de un cierto margen de discrecionalidad para excluir a determinados créditos de la paralización de las ejecuciones singulares, la directiva ha puesto a su cargo *una obligación de resultado precisa y que no está sometida a ninguna condición.* Esta obligación consiste en asegurar que la exclusión de los créditos de la paralización de las ejecuciones singulares se encuentre debidamente justificada y que sólo se produzca cuando concurra alguna de las circunstancias mencionadas —*v.gr.*, que no resulte probable que la exclusión vaya a poner en peligro la reestructuración de la empresa o que la paralización vaya a perjudicar injustificadamente a los titulares de los créditos que se benefician de la exclusión (art. 6.4)—[206]. Como hemos visto, esta obligación de resultado no se cumple en el caso del crédito público, que queda excluido de la paralización de ejecuciones de manera injustificada (v. *supra* § 5.3), aun cuando dicha exclusión pueda poner en peligro la reestructuración de la empresa, y sin acreditar que sus titulares pudieran a resultar injustificadamente perjudicados por dicha paralización (v. *supra* § 5.4).

En estas circunstancias, el deudor podrá invocar el artículo 6.4 de la directiva que configura su derecho —*v.gr.*, el

---

206 SSTJ RTS infra BVBA, C-387/19, apartado 47, y NE, C-205/20, apartados 19-22. En esta última sentencia el Tribunal de Justicia entendió que la exigencia impuesta por una directiva de que las sanciones sean proporcionadas tiene carácter incondicional. En el sentido de estas sentencias, anteriormente, v. STJ de 19 de noviembre de 1991, Andrea Francovich y Danila Bonifaci c. República italiana, C-6/90 y 9/90 (*Tol 9936156*), apartado 18, y de 5 de octubre de 2004, Berhard Pfeiffer y otros c. Deutsches Rotes Kreuz, C-397/01 a C-403/01 (*Tol 9922625*), apartados 104-105.

derecho a poder beneficiarse de la paralización de ejecuciones sin más limitaciones que las que permite la directiva— ante el juez nacional ante el que se haya presentado la comunicación de inicio de negociaciones, al tratarse por lo general de ejecuciones extrajudiciales —*rectius*, apremios administrativos— con el objeto de hacer valer su pretensión de paralizar las ejecuciones singulares de los créditos públicos sobre su patrimonio. El juez deberá, entonces, inaplicar las reglas especiales contenidas en el artículo 605 LC que no son compatibles con la directiva —efecto de exclusión—. A resultas de lo anterior, el crédito público quedará sujeto al régimen general aplicable a los demás créditos: las ejecuciones quedarán paralizadas en el caso de que se trate de bienes y derechos necesarios para la continuidad de la actividad empresarial o profesional del deudor (arts. 600 y 601), y en supuestos distintos de los anteriores, el juez podrá ordenar su paralización previa solicitud del deudor cuando resulte necesario para asegurar el buen fin de las negociaciones (art. 602.1 LC). Asimismo, quedarán sometidos al régimen de la prórroga de los efectos de la comunicación (art. 607 LC). Siendo clara la contradicción con el derecho de la Unión, el juez no necesitará plantear al Tribunal de Justicia una cuestión prejudicial para confirmar la incompatibilidad del derecho nacional con las disposiciones de la directiva. Como ya indicamos, esto resulta de particular interés en el marco de las reestructuraciones, en las que la agilidad en la aprobación del plan resulta fundamental para poder sacar adelante la misma.

§6. La limitada afectación del crédito público por un plan de reestructuración

6.1. BREVE EXPOSICIÓN Y CRÍTICA

En caso de que los créditos públicos puedan ser afectados por un plan de reestructuración, *la afectación que podrían sufrir es muy limitada.* En concreto, el plan no puede contener para ningún crédito público ni quitas (art. 616.1 bis LC), ni esperas cuya duración sea de más de doce meses que, en principio, se computan desde la fecha del auto de homologación del plan. Esta se ve reducida a seis meses si los créditos afectados por el plan se beneficiaron anteriormente de un aplazamiento o fraccionamiento. En cualquier caso, habiéndose comunicado al juzgado la apertura de negociaciones con los acreedores, todos los créditos públicos han de quedar íntegramente satisfechos en el plazo máximo de dieciocho meses a contar desde la comunicación de apertura de las negociaciones con los acreedores (art. 616.2 bis LC)[207]. Este plazo es el que resulta de sumar al tiempo máximo de paralización de las ejecuciones (seis meses) el tiempo máximo de aplazamiento del crédito (doce meses). De este modo, el tiempo que pueda consumirse en la negociación del plan no permitirá extender el aplazamiento más allá de esos doce meses.

Que el inicio del cómputo de esos plazos se conecte a la fecha del auto de homologación tiene una fácil explicación. Probablemente, teniendo en cuenta la tradicional pasividad del crédito público, el legislador ha regulado el supuesto habitual en el tráfico (*id quod plerumque accidit*) y ha asumido que habrá que impo-

[207] Critica la extraordinaria brevedad de los plazos, AZOFRA, I&R, 7 (2022), pp. 125-126.

> ner el plan a los titulares del pasivo público afectado, para lo cual, habrá de ser homologado (art. 635 LC). En cambio, si la homologación no fuera necesaria, hay que entender que el plazo empezará a correr desde el momento en que, formalizado el plan en los términos previstos en la ley (art. 634 LC), se acuerde que surte efectos. En su defecto, la fecha relevante para el cómputo de las esperas será la fecha de la formalización del plan en instrumento público que, en virtud de esta, se considera cierta[208].

El pago de estos créditos habrá de ser en metálico y, por lo tanto, el plan no puede prever en su caso conversiones de créditos en acciones o participaciones, en créditos o préstamos participativos o en instrumentos de características o rango distintos del que originariamente tuvieran[209]. Tampoco puede establecer un cambio de ley aplicable o de deudor, ni la modificación o extinción de las garantías que tuvieran (art. 616.1 bis LC). Y a diferencia de lo que sucede con los créditos privados, la ley permite a sus titulares instar la resolución del plan en lo que afecte a sus créditos por el incumplimiento de los plazos pactados o porque "generen nueva deuda tributaria y de la Seguridad social impagada", distinta de la afectada por el plan de reestructuración (art. 671.1 LC). De este modo, se abre una "vía de escape" que permite proceder a la realización inmediata de los créditos públicos sobre el patrimonio del deudor antes de que

---

208 Sin embargo, entiende que, en tales circunstancias, los plazos no serían exigibles, GALLEGO CÓRCOLES, ADCo, 60 (2023), III.3. Respecto de la eficacia de la homologación, v. P. DE ROJAS, "Comentario del artículo 634 LC", en J. PULGAR (dir.), *Comentario a la Ley Concursal*, t. II, 3ª edición, La Ley, Madrid, 2023, pp. 1136-1138, p. 1136.

209 La exclusión del crédito público de la capitalización de deuda tiene sentido. A resultas de esta, los acreedores públicos pasarían a ser socios y, por lo tanto, dueños de la empresa reestructurada a pesar de carecer de la *expertise* y de los incentivos para explotarla adecuadamente. Al respecto, v. A. DE LA FUENTE/B. ARRUÑADA (coords.), "¿Cómo ayudar a las empresas en la crisis del COVID?, *FEDEA Policy Papers*, 2021/05, p. 21, disponible en https://fedea.net/como-ayudar-a-las-empresas-en-la-crisis-del-covid/.

se produzca una nueva comunicación o de que se abra un concurso sobre este. Respecto de este procedimiento, es importante recordar que, de ser la diligencia de embargo de fecha anterior a la declaración de concurso, en el caso de bienes o derechos que no sean necesarios para la continuidad de la actividad empresarial o profesional del deudor, los acreedores públicos podrán proseguir los procedimientos administrativos de ejecución ya iniciados (art. 144.1.2º LC). Esta es una razón añadida —y no declarada— para permitir que se inicien las ejecuciones sobre el patrimonio del deudor una vez comunicado al juzgado el inicio de las negociaciones en el caso de que estas fracasen y se acabe abriendo un concurso sobre el patrimonio del deudor.

> Limitaciones tan severas respecto de quitas y esperas no encuentran equivalente en el derecho comparado. Como ya hemos indicado, en derecho neerlandés y en derecho italiano, cabe sujetar al crédito público a quitas (v. *supra* § 4.5). La sección 1129(a)(9)(C) del *Chapter 11* también exige respecto de los créditos públicos que tienen la condición de privilegiados que sean satisfechos en metálico y de manera íntegra. Ahora bien, se les puede imponer un aplazamiento en el pago de hasta cinco años desde la fecha en la que se abre el procedimiento (*after the date of the order of relief*)[210].

La exclusión de la quita y los límites relativos a las esperas no se aplican cuando la reorganización del deudor se lleva a cabo a través de un convenio concursal. Y ello a pesar de que tanto el convenio como el plan de reestructuración tienen por objeto reorganizar empresas en situación de insolvencia —probable, inminente o actual, en el caso de los planes de reestructuración; inminente o actual, en el caso del convenio concursal—. En efecto, salvo en el caso del abono de los porcentajes de las cuotas de la Seguridad social que corresponda a la empresa por contingencias comunes y por contingencias profesionales, así como de los

---

[210] BROUDE, *Reorganizations*, § 12.12[3], pp. 12-26 y 12-27. También, ADLER/CASEY/MORRISON, *Baird & Jackson's Bankruptcy*[5], p. 781.

porcentajes de la cuota del trabajador que se refieran a contingencias comunes o accidentes de trabajo y enfermedad profesional, los créditos públicos no privilegiados resultan afectados por las quitas que se hayan pactado en el mismo (arts. 318.2 y 3 LC)[211]. Igualmente, las esperas que pueden imponerse a los créditos públicos en sede de convenio no se sujetan a ningún límite temporal distinto del aplicable a los demás créditos (diez años, *ex* art. 317 LC). En el caso de adhesión de un acreedor público privilegiado al convenio o de suscripción de condiciones particulares simplemente se exige que las condiciones aplicables a dichos créditos no sean más favorables para el deudor que las recogidas en el propio convenio (art. 10.3 LGP y art. 164.4 LGT).

> Las limitaciones en materia de quitas y esperas tampoco resultan de aplicación en el procedimiento especial de microempresas. En un plan de continuación, cabe imponer quitas al crédito público no privilegiado —de manera análoga a lo que sucede en el caso del convenio— y las esperas no se sujetan a límite temporal alguno[212]. Se exceptúan de lo anterior los porcentajes de las cuotas de la Seguridad social cuyo abono corresponda a la empresa por contingencias comunes y por contingencias profesionales, así como los porcentajes de la cuota del trabajador que se refieran a contingencias comunes o accidentes de trabajo y enfermedad profesional (art. 698.6 LC). El legislador no ha proporcionado ninguna razón que justifique esta diferencia de trato del crédito público en un plan de continuación y un plan de reestructuración. Como ya se indicó, en otros ordenamientos, la reestructuración del pasivo público suele ser una cuestión esencial en la reorganización de negocios familiares y de peque-

---

[211] Sobre la aplicación al crédito público en el convenio de las quitas y esperas en los mismos términos que al crédito privado, LADÓ, I&R, 7 (2022), p. 186. Llama la atención sobre la diferencia entre ambas soluciones, THOMÀS, ADCo, 58 (2022), III.3.1.

[212] AZOFRA, I&R, 7 (2022), pp. 124-126, *id.*, *Comentario art. 616 LC*, II[3], p. 994 y GALLEGO CÓRCOLES, ADCo, 60 (2023), III.3, señalan esta asimetría como indicador de la falta de justificación de la medida. Asimismo, entiende que los límites impuestos a las esperas son excesivos, GONZÁLEZ VÁZQUEZ, *Píldoras*, p. 49.

ñas empresas[213]. Sin embargo, en el nuestro, no parece que esto sea lo que se ha pretendido en los marcos de reestructuración de las pequeñas y medianas empresas, a los que se aplica el régimen general (v. art. 684 LC). En cualquier caso, si de lo que se trata es de favorecer el emprendimiento y, por ende, la creación de valor en la sociedad, la misma medida debería beneficiar a todas las empresas que estuvieran en disposición de hacerlo —por tener valor positivo y resultar, por lo tanto, merecedoras de ser reestructuradas—, con independencia de cuál sea su tamaño. Además, para facilitar la adopción del acuerdo, se considera que la AEAT vota a favor del plan si la quita no es superior al quince por ciento del importe de sus créditos ordinarios, "salvo que se indique lo contrario de conformidad a lo previsto en el apartado 3 del artículo 10 LGP" (art. 698.11 LC). Esta disposición constituye una regla especial para el crédito público respecto de la regla general que, al objeto de favorecer la participación en la adopción del plan de los acreedores de mayor tamaño, establece que, a falta de voto, se entiende que el acreedor silente votó a favor del plan (art. 698.8 LC)[214]. En cambio, como sucede en el plan de reestructuración, el pago de los créditos públicos ha de ser en metálico y no cabe, pues, aplicarles una conversión en acciones o participaciones, en créditos o préstamos participativos o en instrumentos de rango o características distintos del originario. Tampoco se les puede aplicar un cambio de ley aplicable o de deudor, ni la modificación o extinción de sus garantías (art. 698.6 LC).

Esta diferencia de tratamiento se ha intentado explicar sobre la base de lo dispuesto en la directiva[215]. En efecto, el considerando 52 de esta norma reconoce el mejor derecho de los *acreedores públicos privilegiados* a que el valor de sus créditos no se vea afectado por las *quitas totales o parciales* que

---

213 V. *supra* nota nº 79.

214 Respecto de la regla general, v. la Exposición de motivos de la Ley 16/2022, apartado V. En la doctrina, también v. E. RECAMÁN, "Comentario del artículo 698 LC", en J. PULGAR (dir.), *Comentario a la Ley Concursal*, t. II, 3ª edición, La Ley, Madrid, 2023, pp. 1656-1661, p. 1659.

215 LADÓ, I&R, 7 (2022), p. 196.

se puedan imponer a los demás créditos. Pero a esta solución se llega como consecuencia de la aplicación del *test del interés superior de los acreedores*, que asegura que los créditos públicos privilegiados no estarán en las reestructuraciones en una situación peor que aquella en la que se encontrarían si se liquidara el patrimonio del deudor en el concurso y su valor se distribuyera entre los acreedores conforme al orden de prelación concursal (art. 654.7° LC)[216]. De este modo, se pretende garantizar que el valor que obtendrán los titulares de los créditos públicos en la reestructuración no será inferior al que obtendrían en una liquidación[217]. Con base en estas consideraciones, el legislador español ha asumido que en una liquidación concursal los créditos públicos privilegiados son íntegramente satisfechos y ha aplicado la misma asunción respecto de los créditos públicos no privilegiados, para concluir que en sede de reestructuración no cabe aplicar quitas a ninguno de ellos. Sin embargo, *la directiva no contempla la posibilidad de excluir total o parcialmente de las quitas a los créditos públicos no privilegiados.* En su caso, la aplicación del test del interés superior de los acreedores no les asegura un valor distinto en liquidación que el que corresponde a los acreedores privados no privilegiados del mismo rango. Por lo tanto, lo dispuesto en la directiva no justifica que los créditos públicos no privilegiados queden excluidos de las quitas que puedan aplicarse a los demás créditos de análoga condición.

---

216 El considerando 52 de la directiva dispone lo siguiente: "Como consecuencia de la *prueba del interés superior de los acreedores, cuando los acreedores públicos institucionales tengan un estatuto privilegiado con arreglo a la normativa nacional*, los Estados miembros pueden establecer que el plan no pueda imponer una cancelación total ni parcial de los créditos de dichos acreedores" (énfasis añadido). En el sentido del texto, v. M. VEDER, "Comentario del artículo 2", en C.G. PAULUS/R. DAMMANN (eds.), *European Preventive Restructuring. Directive (EU) 2019/1023. Article-by-Article Commentary*, Beck, Múnich, 2021, párr. 36, p. 69.

217 F. GARCIMARTÍN, "Comentario del artículo 10", en C.G. PAULUS/R. DAMMANN (eds.), *European Preventive Restructuring. Directive (EU) 2019/1023. Article-by-Article Commentary*, Beck, Múnich, 2021, párrs. 20-21 y 23, pp. 172-173.

Excluir a los créditos públicos no privilegiados de las quitas resulta problemático porque *externaliza las pérdidas derivadas de las dificultades financieras del deudor sobre el resto de los acreedores no privilegiados*. El interés general en que dichos créditos se satisfagan íntegramente para asegurar el sostenimiento del gasto público no basta para justificar esta externalización. Aunque se trate de acreedores "forzosos" que no pueden ajustar *ex ante* el volumen de riesgo de sus créditos tienen, en cambio, una notable capacidad de diversificación, ya que su base de potenciales deudores —*v.gr.*, toda la población de contribuyentes— es mucho mayor que la de cualquier otro acreedor. Pueden, entonces, compensar lo que perciben de muchos con lo que pierden de no tantos y, por ello, se encuentran en mejor disposición de soportar esas pérdidas que los acreedores privados[218]. No hay, pues, razones que justifiquen que en las reestructuraciones dichas pérdidas se trasladen sobre los acreedores privados, algunos de los cuales son poco sofisticados y tienen una menor capacidad de diversificación, como sucede en el caso de los pequeños proveedores. Es más, tal externalización puede tener consecuencias negativas. *Ex post*, puede poner en dificultades a los acreedores que, como consecuencia de ella, ven mermada la recuperación de sus créditos. *Ex ante*, cabe prever que será descontada por los acreedores, que exigirán al deudor que satisfaga una prima en forma de mayores intereses que les compensen del mayor riesgo que han de soportar o que proporcione mayores garantías que les protejan frente a ese riesgo, incrementando, en ambos casos, los costes de obtener financiación.

Por lo que se refiere a la limitación de las *esperas* que pueden imponerse al crédito público, la directiva no proporciona ninguna justificación para las mismas. Lo que parece esconderse detrás de la decisión del legislador de limitarlas drásticamente es el afán de reconducir su reestructuración hacia los procedimientos particulares previstos en la legis-

---

[218] Sobre la capacidad de diversificación de los acreedores públicos. v. *Cork Report*, p. 320. Entre nosotros, v. BERMEJO, *Créditos*, p. 293.

lación tributaria —tal y como quedan regulados en la disposición adicional 11ª de la Ley 16/2022, para los casos en los que el deudor haya comunicado el inicio de negociaciones—, y de la Seguridad social —art. 23 LGSS—, en los que sí podrán obtener fraccionamientos y aplazamientos de deuda más amplios. Es más, para incentivar que los deudores recurran a estos procedimientos singulares, en los casos en los que los créditos públicos pudieran quedar afectados por un plan de reestructuración, dichos regímenes especiales permiten obtener condiciones más beneficiosas[219]. Así, mientras que en un plan de reestructuración sólo podrán acordarse aplazamientos de seis o doce meses, con la exigencia añadida de que todos los créditos públicos afectados por el plan han de resultar satisfechos en un plazo máximo de dieciocho meses desde la fecha de la comunicación de apertura de las negociaciones con los acreedores (art. 616 bis LC), en el régimen especial de aplazamiento y fraccionamiento de deudas y sanciones tributarias puede llegarse hasta veinticuatro meses, sin garantías, y hasta treinta y seis meses si el deudor aporta garantías (disposición adicional 11ª de la Ley 16/2022). Igualmente, en el régimen de la Seguridad social, cabe alcanzar los cinco años con la constitución de garantías (arts. 31.2 y 33.1 RGRSS)[220]. El problema es que, como ya hemos tenido ocasión de exponer, incentivar el recurso a estos acuerdos singulares con los acreedores públicos exacerba el dilema del caladero común y puede comprometer el buen fin de la reestructuración (v.

---

219 LADÓ, I&R, 7 (2022), p. 198; GALLEGO CÓRCOLES, ADCo, 60 (2023), III.3.

220 Real Decreto 1415/2004, de 11 de junio, por el que se aprueba el Reglamento General de Recaudación de la Seguridad social. Como se puede observar, se ha generado una cierta asimetría entre el régimen tributario y el de la Seguridad social, al haber quedado reducido el primero a treinta y seis meses tras la modificación operada por la D.A. 11ª de la Ley 16/2022 y extenderse el segundo hasta cinco años. Constata la reducción de la duración del aplazamiento respecto de lo previsto para las situaciones preconcursales en la Instrucción 1/2017, de 18 de enero, GARCÍA-CRUCES, *De Iure Mercatus*, p. 4287.

supra § 4.2). Siendo esto así, que se limiten las esperas que pueden imponerse en un plan de reestructuración a seis o doce meses, cuando no hay problema en que lleguen a treinta y seis meses o, incluso, a cinco años fuera del plan resulta absolutamente injustificado.

Se ha entendido que en el caso de deudas por cantidad igual o inferior a 30.000 euros puede ser más beneficioso para el deudor afectar al crédito público mediante un plan de reestructuración, en la medida en que el aplazamiento podría extenderse por un plazo máximo de dieciocho meses a contar desde la comunicación del inicio de negociaciones con los acreedores, frente a los seis meses de aplazamiento que pueden obtener como máximo las personas jurídicas y a los doce meses de aplazamiento que pueden obtener las personas físicas en un procedimiento singular de aplazamiento y fraccionamiento de los pagos sin proporcionar garantías[221]. Sin embargo, esta conclusión nos plantea alguna duda. Por una parte, tratándose de una persona física, es probable que estemos ante una microempresa a la que resulta de aplicación el procedimiento del libro tercero, en lo relativo al plan de continuación y en el que, como ya hemos indicado, no no se aplican las limitaciones de los planes de reestructuración respecto de las quitas y esperas (arts. 685.1 y 698 LC). Por otra parte, en el caso de las personas jurídicas, también podrán obtener un aplazamiento de doce meses fuera del plan si se cumple el requisito contemplado en el artículo 82.2 b) LGT —"[C]uando el [...] obligado al pago carezca de bienes suficientes para garantizar la deuda y la ejecución de su patrimonio pudiera afectar sustancialmente al mantenimiento de la capacidad productiva y del nivel de empleo de la actividad económica respectiva, o pudiera producir graves quebrantos para los intereses de la Hacienda Pública" (D.A. 11ª Ley 16/2022)—. Por lo demás, dentro del plan, ciertamente, todo el crédito público deberá quedar íntegramente satisfecho a los dieciocho meses desde la comunicación de inicio de las negociaciones con los acreedores (art. 616 bis LC). Ahora bien, los seis meses adicionales hasta los dieciocho corresponden

221 LADÓ, I&R, 7 (2022), p. 198.

> al periodo durante el cual pueden quedar paralizadas las ejecuciones singulares de los créditos para posibilitar las negociaciones entre el deudor y los acreedores —*v.gr.*, plazo mínimo de tres meses prorrogables por otros tres (arts. 600, 601 y 607 LC)—. Siendo esto así, si los créditos públicos no son todavía exigibles, esos seis meses no le proporcionan plazo adicional alguno; si lo son, no tratándose de obligaciones tributarias o de la Seguridad social y no estando las ejecuciones paralizadas —p.ej., por haberse embargado activos que no se consideran necesarios para la reestructuración—, el deudor no podrá contar con esa ampliación *de facto* del plazo.

Por lo demás, en aquellos casos en los que el peso de los créditos públicos sea significativo, como podría suceder con las empresas que han recibido ayudas otorgadas por el Fondo de Apoyo a la solvencia de empresas estratégicas, el hecho de que sólo puedan ser afectados de una manera tan limitada como la que contempla la ley concursal —excluyendo las quitas y acortando las esperas— puede reducir la utilidad de los planes de reestructuración del pasivo del deudor o, incluso, frustrar la reestructuración si no permiten desapalancarlas lo suficiente para asegurar su viabilidad[222]. De este modo, los objetivos perseguidos con la provisión de fondos públicos a dichas empresas —básicamente, evitar la desaparición de empresas valiosas, así como la destrucción de empleo— se frustrarían por la falta de colaboración del crédito público en la reestructuración, con el consiguiente despilfarro de recursos públicos invertidos con anterioridad.

---

[222] Así lo señalan GARRIDO/DELONG/RASEKH/ROSHA, *IMF Working Paper*, WP/21/152, 2021, p. 17, respecto de las quitas. También, v. ADLER/CASEY/MORRISON, *Baird & Jackson's Bankruptcy*[5], p. 782, quienes entienden que "[a] reorganization plan that leaves a firm too highly leveraged compared with its peers may be so likely to need to be reorganized again that it fails to satisfy §1129(a)(11)". Este precepto se refiere al "feasability test", de acuerdo con el cual, para confirmar un plan no ha de ser probable que le vaya a seguir una liquidación o que vaya a ser necesaria una nueva reestructuración financiera.

6.2. LAS CONSECUENCIAS DEL TRATO DIFERENTE DEL CRÉDITO PÚBLICO PARA EL RESTO DE LOS CRÉDITOS AFECTADOS POR EL PLAN

Que los créditos públicos reciban un mejor tratamiento en un plan de reestructuración que los créditos privados tiene *consecuencias importantes en el caso de los planes no consensuales.* En concreto, *estas se advierten respecto de la prohibición de trato menos favorable y de la regla de la prioridad absoluta.*

En primer lugar, conviene empezar por precisar que aplicar a los créditos privados un tratamiento distinto que el que corresponde a los créditos públicos del mismo rango —p.ej., esperas más largas— *no constituye necesariamente una infracción de la regla del trato paritario dentro de la misma clase* —p.ej., la correspondiente a los créditos ordinarios—, que impida la homologación del plan (arts. 638.4º y 654.5º LC)[223]. Los créditos del mismo rango concursal pueden agruparse en clases distintas cuando no exista entre ellos suficiente comunidad de interés y vayan a recibir un tratamiento distinto en el plan (art. 623.3 LC)[224]. Además, en el caso del crédito público, la creación de clases separadas dentro de cada uno de los rangos viene impuesta por la ley sobre la base de lo dispuesto en la directiva, que reconoce que entre los créditos públicos y los créditos privados no existe una suficiente comunidad de interés (art. 624 bis LC)[225]. Es, pues, en el seno de las distintas clases donde

---

223 Sin embargo, v. AZOFRA, I&R, 7 (2022), p. 126; *id.*,"Comentario del artículo 616 bis LC", en J. PULGAR (dir.), *Comentario a la Ley Concursal*, t. II, 3ª edición, La Ley, Madrid, 2023, pp. 987-996, p. 994.

224 Para TOLLENAAR, *Pre-Insolvency Proceedings*, p. 87, la división en clases permite acordar un tratamiento diferente en el plan a los créditos que tienen una posición jurídica similar. Respecto de la directiva, v. también GARCIMARTÍN, *European Preventive Restructuring*, Art. 10, RdN. 15-16, pp. 171-172. Que el trato diferenciado no supone trato menos favorable, lo subraya MARTÍNEZ FLÓREZ, *La Ley Insolvencia*, 21 (2023), pp. 5, 8 y 11-12.

225 V. *supra* nota nº 113. Sin embargo, AZOFRA, *Comentario art. 616 bis LC*, II[3], p. 992 considera que existe una "perfecta comunidad de in-

ha de valorarse si se respeta la regla de trato paritario. Por otro lado, tratar de manera distinta a los créditos públicos respecto de los créditos privados del mismo rango *tampoco es incompatible con el test del interés superior de los acreedores* (art. 654.7º LC). El hecho de que pueda darse un mejor tratamiento a los acreedores públicos respecto de los privados en un plan de reestructuración no supone *per se* que el valor asignado a los acreedores privados en el plan sea inferior a lo que estos acreedores recibirían en una liquidación concursal[226]. Esto dependerá del valor que concretamente se asigne en el plan a los créditos privados y no del valor que se atribuya a los otros créditos —concretamente, a los créditos públicos—. Lo que genera el respeto de los límites que impone la ley a la afectación del crédito público es *el riesgo de que,* en el caso concreto, *no pueda respetarse la cuota hipotética de liquidación de otros créditos.* Esto sucederá cuando el tratamiento particular del que se benefician los créditos públicos les permita apropiarse del excedente de la reestructuración en detrimento de los acreedores privados a los que se deja en una posición peor que la que tendrían en un concurso. En esta situación, los acreedores privados perjudicados pueden impedir que salga adelante la reestructura-

---

tereses" entre un acreedor privado y un acreedor público del mismo rango. Este argumento resulta problemático pues, a la vista de cómo se definen sus derechos, no puede considerarse que estos créditos tengan intereses homogéneos. Por una parte, dentro de los créditos privilegiados generales, los créditos públicos y privados ocupan subrangos distintos de la prelación concursal que se satisfacen por el orden previsto en la ley (arts. 280 y 432 LC) y entre los privilegios especiales opera la regla de la prioridad temporal que introduce una jerarquía entre los créditos a cuyo pago se afecta el mismo bien (arts. 270 y 431 LC). Por otra parte, aunque los créditos públicos y privados tengan el mismo rango, como puede suceder en el caso de los créditos ordinarios y algunos subordinados (p.ej., art. 281.1.3º LC), las particulares características de los primeros —que les impide someterse a determinadas medidas, como sucede con la capitalización— también impiden considerar que sus intereses sean homogéneos. Confirma esta solución la SAP Valencia nº 86/2024, párr. 295.

226 Sin embargo, parece entenderlo así AZOFRA, I&R, 7 (2022), p. 126.

ción impugnando el auto de homologación u oponiéndose a esta (arts. 654.7º y 655.1 LC).

En segundo lugar, como consecuencia del mejor tratamiento que la ley reserva a los créditos públicos, *los créditos privados pueden quedar sujetos a un "trato menos favorable"* que los créditos públicos del mismo rango a los que sólo se puede imponer determinadas esperas. Ahora bien, al tratarse de un resultado impuesto por el legislador en atención a las particularidades del crédito público, los acreedores privados disidentes no podrán impugnar la homologación de un plan que necesariamente ha de respetar esos límites al deber ajustarse los "requisitos de contenido y de forma exigidos en este título" (art. 638.2º LC). Entre ellos, precisamente, se encuentran los relativos a la afectación del crédito público (art. 616.2 bis LC)[227]. Entender otra cosa y considerar que, en esta situación, los acreedores privados deberían beneficiarse de un trato igual de favorable que el que se contempla para los créditos públicos permitiría extenderles el trato particular previsto para estos a pesar de no concurrir en ellos las razones que se esgrimen para justificar dicho trato (v. *supra* § 1.1). Además, amplificaría los efectos de las limitaciones que se establecen a favor del crédito público, lo que podría hacer inviables las reestructuraciones al no permitir desapalancar de manera suficiente al deudor[228]. Entonces, para sacarla adelante sería necesario dejar a los créditos públicos fuera del plan, con las negativas consecuencias que ya hemos visto que una solución como esta puede tener (v. *supra* § 4.2)[229]. Por lo tanto, en situaciones como la expuesta, respetar las particularidades del régimen aplicable al crédito público obliga a excepcionar la prohibición de trato menos favorable en la homologación del plan no consensual y, con ello, a desconocer lo dispuesto en la directiva [art. 11.1 c)].

---

227 En contra, *ibid.*, p. 126 y GALLEGO CÓRCOLES, ADCo, 60 (2023), III.4.

228 Sin embargo, parece proponer esta solución AZOFRA I&R, 7 (2022), p. 126; *id.*, *Comentario del art. 616 bis LC*, II³, pp. 994-995.

229 A favor, a pesar de las consecuencias, *ibid.*, pp. 126 y 995.

En tercer lugar, los créditos públicos de rango inferior —p.ej., los créditos subordinados— podrán ser íntegramente satisfechos a pesar de no serlo los créditos privados de rango superior —p.ej., los créditos ordinarios—. A primera vista, en el marco de los planes no consensuales, esto entraría en contradicción con *la regla de la prioridad absoluta* (art. 655.2.4ª LC). Sin embargo, al haber establecido un régimen especial para estos créditos en atención a sus particularidades, el legislador excluye la aplicación de esta regla cuando el mejor trato de las clases de créditos privados de rango inferior es el resultado de dicho régimen. Para ello, separa de manera implícita la categoría de los créditos públicos de la de los privados y limita su aplicación al interior de cada una de ellas. De nuevo, al tratarse de un resultado impuesto por el legislador, los acreedores privados disidentes no pueden impugnar la homologación de un plan que necesariamente ha de respetar esos límites (art. 638.2º LC), desconociendo así lo dispuesto en la directiva [art. 11.1 c) y 2][230]. Entender otra cosa y considerar que, en esos casos, los créditos privados de rango superior también habrían de ser íntegramente satisfechos haría imposible la reestructuración —p.ej., al impedir que se pudieran imponer quitas a los acreedores ordinarios privados cuando se satisfacen íntegramente los créditos públicos subordinados por recargos o por intereses—. Dejarlos fuera tampoco resolvería el problema en la medida en que la regla de la prioridad absoluta también resulta de aplicación respecto de la delimitación del perímetro de afectación (v. *infra* § 7.2)

> Lo mismo sucederá respecto de la regla de la prioridad relativa (en el caso de las PYMES, v. art. 684.4 LC). Así, al quedar excluidos *ex lege* de las quitas los créditos públicos subordinados, los créditos privados ordinarios a los que se hubieran impuesto quitas parciales no podrán recibir un trato menos favorable que cualquier clase de créditos privados de rango inferior.

[230] En contra, *ibid.*, pp. 126 y 995, así como GALLEGO CÓRCOLES, ADCo, 60 (2023), III.4.

6.3. LA INCOMPATIBILIDAD DE LA SOLUCIÓN CON LA DIRECTIVA

Las limitaciones que ha introducido la Ley concursal a la posibilidad de imponer quitas y esperas a los créditos públicos *no son compatibles con la directiva* por dos razones. Por una parte, estas desconocen el derecho a reestructurar el pasivo público que, como vimos, la directiva reconoce a los particulares (art. 1.5 y 6). Este derecho no tiene más limitaciones que las que resultan de la aplicación de la prueba del interés superior de los acreedores respecto de los créditos públicos privilegiados. Como hemos visto, esta regla sólo permite excluir a dichos créditos de las quitas totales o parciales que puedan acordarse en el plan [art. 10.1.d), y considerando 52]. De este modo, la directiva impone a los Estados miembros una obligación en términos inequívocos de posibilitar la reestructuración de los créditos públicos sin más limitaciones que la señalada —obligación precisa—, que no se supedita en su ejecución o en sus efectos a que se adopte un acto de las instituciones de la Unión o de los Estados —obligación incondicional—. Sin embargo, al introducir las limitaciones señaladas, el legislador español se ha apartado de la directiva y no la ha transpuesto correctamente. En esta situación, no cabe proceder a una interpretación de la norma nacional conforme con la directiva para limitar la aplicación de la prohibición de quitas a los créditos públicos privilegiados ya que aquella tiene como límite necesario la interpretación *contra legem*[231]. En cambio, los particulares podrán invocar frente al Estado las disposiciones de la directiva ante los tribunales nacionales (v. *supra* § 4.5). Concretamente, el deudor o los acreedo-

---

231 Al respecto, v. la jurisprudencia del Tribunal de Justicia citada en *supra* nota nº 126. Sin embargo, GALLEGO CÓRCOLES, ADCo, 60 (2023), III.3, la propone para limitar la prohibición de quitas a los créditos privilegiados. No siendo posible la interpretación conforme en este caso, tampoco cabe entender reducido el alcance de la limitación de las esperas —como, sin embargo, se propone— a los créditos que deban ser satisfechos íntegramente (*v.gr.*, los privilegiados).

res que pretendan obtener la homologación de un plan de reestructuración que, por ejemplo, sujete a las mismas quitas y esperas a los créditos públicos no privilegiados y a los créditos privados, podrán solicitar al juez competente *que no aplique la prohibición de quitas y las limitaciones a las esperas, que son contrarias a la directiva, y homologue el plan.* El juez deberá, entonces, inaplicar dichas disposiciones y atender a la pretensión de homologación cuando se cumplan los demás requisitos para ello —efecto de exclusión—. Frente a la oposición del Estado —o, en su caso, frente a la impugnación del auto de homologación por parte de este— el deudor o los acreedores podrán hacer valer ante el juez su derecho a afectar a los créditos públicos por un plan de reestructuración sin más limitaciones que la relativa a la aplicación de quitas al crédito público privilegiado —efecto de sustitución—.

Por otra parte, las limitaciones que ha introducido el legislador español a la posibilidad de imponer quitas y esperas a los créditos públicos *infringen las reglas de prohibición de trato menos favorable entre las clases de acreedores del mismo rango y de prioridad entre las clases de distinto rango establecidas en la directiva* [art. 11.1 c) y 2], que son de aplicación necesaria cuando se trata de homologar planes no consensuales[232]. En efecto, la directiva ha reconocido a los acreedores incluidos en clases disidentes el derecho a que no se les imponga el plan en contra de su voluntad si dichas reglas

---

232 Al respecto, v. M. VEDER, "Comentario del artículo 11", en C.G. PAULUS/R. DAMMANN (eds.), *European Preventive Restructuring. Directive (EU) 2019/1023. Article-by-Article Commentary,* Beck, Múnich, 2021, párr. 2, p. 177, párr. 18, p. 183, que subraya, además, que son exigencias mínimas. Asimismo, precisa que, a pesar de su ubicación junto a la regla de la prioridad relativa [art. 11.1 c) de la directiva], la prohibición de trato menos favorable debe entenderse también de aplicación cuando los Estados miembros hayan optado por transponer la regla de la prioridad absoluta (art. 11.2). *Ibid.*, párr. 29, p. 185. Entre nosotros, MARTÍNEZ FLÓREZ, *La Ley Insolvencia*, 21 (2023), p. 10.

no se cumplen[233]. Sin embargo, al limitar la posibilidad de afectar a los créditos públicos en los términos indicados y condicionar la homologación del plan al cumplimiento de dichas limitaciones (art. 638.2º LC), el legislador nacional ha permitido que se homologuen planes de reestructuración que no respeten las referidas reglas para limitar el impacto que el crédito público pueda sufrir en las reestructuraciones. Como hemos indicado, a resultas de esta regulación, se excepcionan tales reglas y los créditos públicos pueden recibir un trato mejor que los créditos privados del mismo rango —p.ej., al no quedar sometidos a quitas o al aplicárseles esperas más breves—, u obtener una mayor satisfacción que los acreedores privados de rango superior en clara vulneración de las reglas mencionadas (v. *supra* § 6.2).

Con esto, el legislador español se aparta, de nuevo, de lo dispuesto en la directiva y la transpone incorrectamente. Tratándose de un derecho que la directiva reconoce a los acreedores incluidos en clases que no aprobaron el plan, frente al Estado, en tanto que titular de los créditos públicos, resulta de nuevo de aplicación la jurisprudencia del Tribunal de Justicia relativa al efecto directo de las directivas en las relaciones verticales. En este punto, la directiva impone a los Estados miembros una *obligación* en *términos inequívocos* —y, por lo tanto, *precisa*— de garantizar que, para imponer un plan de reestructuración a las clases de acreedores disidentes deben respetarse las reglas de prohibición de trato menos favorable entre clases del mismo rango y de prioridad relativa o, alternativamente, a elección del Estado miembro, de prioridad absoluta [v. art. 11.1 c) y 2]. El hecho de que los Estados miembros puedan flexibilizar

---

233 En este sentido, v. VEDER, *European Preventive Restructuring*, Art. 11, párr. 25, p. 184, que sostiene que un plan no consensual sólo puede ser confirmado contra la voluntad de una clase de acreedores disidente cuando satisface el "fairness test". Este comprende la regla de prioridad (absoluta o relativa) —con su corolario, que prohíbe que las partes afectadas reciban más del valor íntegro de su interés—, y la prohibición de trato menos favorable ("no unfair discrimination principle").

la regla de prioridad absoluta cuando sea necesario para lograr los objetivos del plan de reestructuración y siempre que no perjudique injustificadamente los derechos o intereses de cualquier parte afectada, no cambia la conclusión. La directiva establece que manera inequívoca que la regla sólo podrá flexibilizarse cuando se cumplan esos requisitos. Asimismo, esta obligación es *incondicional*, pues no se sujeta a ningún requisito, ni se supedita en su ejecución o en sus efectos a que se adopte un acto de las instituciones de la Unión o de los Estados miembros. En consecuencia, los acreedores de una clase disidente que pretendan oponerse a la homologación de un plan no consensual que infrinja cualquiera de estas reglas como consecuencia de la aplicación de las restricciones en materia de quitas y esperas podrán solicitar al juez competente *que inaplique dichas limitaciones*, que son contrarias a la directiva, *así como la regla que condiciona la homologación del plan al respeto de las mismas (art. 638.2º LC)* —efecto de exclusión—, *y estime la oposición a la homologación plan o la impugnación del auto de homologación* que infringe la prohibición de trato menos favorable o las reglas de prioridad. Siendo clara la contradicción con el derecho de la Unión, el juez no necesitará plantear al Tribunal de Justicia una cuestión prejudicial para confirmar la incompatibilidad del derecho nacional con las disposiciones de la directiva. Como ya indicamos, esto resulta de particular interés en el marco de las reestructuraciones, en las que la agilidad en la aprobación del plan resulta fundamental para poder sacar adelante la misma.

§7. Involucrar al crédito público en la reestructuración

7.1. EL PROBLEMA DE LA FALTA DE INVOLUCRACIÓN DEL CRÉDITO PÚBLICO

La posición adoptada por el legislador español en la transposición de la directiva resulta reveladora del importante problema que se plantea respecto del crédito público en las reestructuraciones: *su falta de involucración en los procesos de decisión colectiva concursales y preconcursales.* Las razones de esta falta de involucración fueron expuestas en otro trabajo y pueden resumirse en los siguientes términos: el déficit de información de los funcionarios que han de aprobar las medidas de reestructuración para valorar su conveniencia; la falta de incentivos personales de los funcionarios, que podrían enfrentarse a sanciones en caso de haber aprobado medidas que impongan un sacrificio excesivo a los créditos públicos; la falta de adecuación de determinados contenidos de los planes al interés público —p.ej., la capitalización de deuda—, y el eventual juego de condicionamientos políticos que pueda dar lugar a discriminaciones injustificadas al decidir qué reestructuraciones apoyar[234].

Ninguno de estos problemas constituye un obstáculo insalvable. Si existiera un mercado para estos créditos públicos, sus titulares podrían venderlos con descuento a terceros especializados en adquirir este tipo de deuda. Esto permitiría a los acreedores públicos obtener un pago par-

---

[234] *FEDEA Policy Papers*, 2021/05, pp. 20-22. En la misma línea, señala que la AEAT carece de incentivos, sensibilidad y capacidad para entrar en miles de negociaciones, GONZÁLEZ VÁZQUEZ, *Píldoras*, p. 50.

cial sin incurrir en los costes asociados a la participación en las reestructuraciones. Serían, entonces, los terceros, que tienen los conocimientos apropiados para valorar la propuesta de reestructuración y la viabilidad del negocio, los que participarían en la adopción del plan de reestructuración. Sin embargo, por el momento dicho mercado no existe y, por lo tanto, hay que recurrir a otras alternativas para resolver estos problemas.

La falta de adecuación de determinados contenidos ha quedado resuelta excluyendo de la aplicación de esas medidas a los créditos públicos —particularmente, de la capitalización de créditos o su conversión en créditos o préstamos participativos— (arts. 616.1 bis y 698 LC). En el marco de una economía de mercado, en el que la tutela de la libertad de empresa (art. 38 CE) exige que se maximice la iniciativa privada en el desarrollo de la actividad empresarial frente a la iniciativa pública dentro de los límites que imponen los demás derechos fundamentales y los intereses generales, no parece deseable que se prevea, de manera general, la capitalización de los créditos públicos y que el Estado pueda hacerse con el control de las empresas objeto de reestructuración[235]. Además, tampoco parece razonable hacer asumir a los acreedores públicos el riesgo propio de los socios —*v.gr.*, la postergación en el cobro frente a todos los acreedores—, convirtiendo sus créditos en acciones o participaciones, en obligaciones convertibles, o en créditos participativos en los que la posición del acreedor se acerca a la del socio al configurarse como subordinados y vincularse su retribución a la evolución de la actividad de la empresa [art. 20.1 a) RDL 7/1996, de 7 de julio].

Asimismo, es razonable que se excluya de las medidas que se puedan aplicar a los créditos públicos el *cambio de ley aplicable* pues, dada su naturaleza, esta no resulta disponi-

---

[235] Respecto de la libertad de empresa como mandato de optimización, v. C. PAZ-ARES/J. ALFARO, "Ensayo sobre la libertad de empresa", en A. CABANILLAS (coord.), *Estudios jurídicos en homenaje al profesor Luis Díez-Picazo*, vol. IV, 2002, pp. 5971-6040, IV.2.

ble (arts. 9.1 LGP y 17.5 LGT)[236]. En cambio, la exclusión de las otras medidas contempladas en dichos preceptos —*v.gr.*, el cambio de deudor, la modificación o extinción de las garantías que tuviesen los créditos— parece más cuestionable. En efecto, no se termina de entender que estos créditos no puedan resultar afectados por cualquiera de estas medidas cuando, sin embargo, sea necesario para el buen fin de la reestructuración y el plan respete las garantías que protegen el interés de los acreedores públicos en maximizar el valor de sus créditos —*v.gr.*, la prueba del interés superior de los acreedores y la prohibición de sacrificios desproporcionados (art. 654.6º-7º LC); la regla de la prioridad absoluta, así como la regla de la paridad de trato, entendida como garantía de trato paritario dentro de la misma clase (arts. 638.4º y 654.4º LC), y como garantía de que, dentro del mismo rango, no se aplique a ninguna clase disidente un trato menos favorable que a otras clases del mismo rango (art. 655.2.2º-4º LC)—. Adviértase que el principio de indisponibilidad del crédito tributario no es absoluto y que puede excepcionarse cuando así lo disponga la ley (art. 18 LGT). Menos aún se entiende que se apliquen dichas exclusiones cuando se trata de los créditos de reembolso resultantes de los avales gestionados por el ICO que, como vimos, carecen de carácter público y, por lo tanto, no puede invocarse respecto de ellos las particularidades de tales créditos (v. *supra* § 3.1).

Para resolver el resto de los problemas que plantea la participación del crédito público en las reestructuraciones puede recurrirse a instrumentos que aumenten el grado de certidumbre en la decisión y eliminen la discrecionalidad de la Administración lo que, además, como ya indicamos, es necesario para evitar que por esta vía se puedan otorgar ventajas a unas empresas frente a otras y distorsionar la competencia en el mercado interior (v. *supra* § 4.4). Una solución puede ser la adopción de *directrices* que orienten la actuación de los funcionarios encargados de aprobar las

---

236 LADÓ, I&R, 7 (2022), pp. 183-184.

medidas propuestas en el plan, como, por ejemplo, se ha hecho en los Países Bajos y que no son desconocidas en nuestro ordenamiento, donde ya se ha recurrido a las instrucciones internas con tal finalidad[237]. Estos instrumentos de *soft-law* unilateral permiten incorporar los criterios relevantes, desde el punto de vista de los intereses del crédito público, para adoptar o rechazar las propuestas que se hagan en el plan. Asimismo, incentivan la toma de decisiones adecuadas en este marco al eliminar el riesgo de incurrir en responsabilidad si se actúa conforme a los criterios establecidos en aquellas[238]. Como se puede observar, no se trata de incentivar —como parece que hasta la fecha se ha venido haciendo—, el recurso a la vía paralela de los acuerdos singulares de pago[239]. Se trata de establecer criterios que permitan determinar si la reestructuración propuesta en un plan resulta razonable desde el punto de vista del interés del crédito público y le permite maximizar su valor junto con el resto de los acreedores. Además, al fijar tales criterios, las directrices permiten reducir la discrecionalidad en la toma de decisiones y el riesgo de que entren en juego condicionamientos políticos que puedan dar lugar a discriminaciones injustificadas en la decisión de qué empresas reestructurar[240]. De este modo, pueden salvarse las

---

237 Respecto de la existencia de tales directrices en los Países Bajos, v. *supra* nota nº 117.

238 Pone de manifiesto el valor de las circulares, instrucciones y órdenes de servicio como instrumentos de *soft-law* de carácter unilateral para adoptar directrices de naturaleza autoorganizativa, D. SARMIENTO, *El* soft-law *administrativo*, Thomson Civitas, Cizur Menor, 2008, pp. 107-111. Sobre las consecuencias de la infracción de este *soft-law* en términos de responsabilidad, *ibid*., pp. 165-166.

239 V. *supra* nota nº 94.

240 Por ejemplo, en el caso de las directrices establecidas en Países Bajos, se exige, entre otros requisitos, que el acuerdo ofrezca al acreedor público un pago "sustancial", tanto en términos absolutos como en relación con la deuda tributaria; que el acreedor público reciba una cantidad equivalente a los acreedores ordinarios; que la empresa sea viable tras la reestructuración; que todos los acreedores estén de acuerdo con la propuesta de reestructuración —salvo alguna excepción legalmente prevista—, o que el deudor sea de buena fe, lo que significa que en el nacimiento de la deuda o en el impago de la

razones que subyacen a la falta de involucración del crédito público en estos procesos y prescindirse de su exclusión de las reestructuraciones como respuesta al problema.

7.2. LA PARTICIPACIÓN DEL CRÉDITO PÚBLICO Y LA ADOPCIÓN DE UN PLAN DE REESTRUCTURACIÓN

Antes de concluir nuestro análisis, debemos plantearnos si la inclusión del crédito público en los planes de reestructuración podría producir un efecto contrario al deseado al dificultar o, incluso, imposibilitar su adopción. Imaginemos un plan no consensual en el que se impusiera una quita a los créditos públicos distintos de las retenciones que, como es sabido, gozan de un privilegio general por el 50 por 100 de su importe (art. 280.4º LC). Como consecuencia de la aplicación de la regla de la prioridad absoluta, el plan no podría dejar valor a los acreedores de peor rango —*v.gr.*, otros créditos privilegiados de rango inferior, créditos ordinarios y subordinados—. En esa situación, no habría créditos por debajo de la clase correspondiente a los créditos públicos privilegiados sobre los que poder aplicar las medidas de reestructuración —pues estarían fuera del

---

misma no concurre culpa grave del deudor. Así, v. Tijdelijke instructie voor de behandeling van verzoeken om sanering van ondernemers die gedurende de coronacrisis in financiële nood zijn (Tijdelijkeinstructie saneringen) [Instrucción temporal para la tramitación de solicitudes de saneamiento de empresarios en dificultades financieras durante la crisis del coronavirus (Instrucción temporal sobre saneamiento)], disponible en https://download.belastingdienst.nl/belastingdienst/docs/tijdelijke-instr-saneringen-ov0181z6fd.pdf. Como se aclara en la propia instrucción, esta también resulta de aplicación a las solicitudes de reestructuración de empresarios que no se hayan visto afectados por la crisis del coronavirus. Además, se aplica a la política habitual recogida en el Reglamento de aplicación de la Ley de recaudación de impuestos de 1990 [Uitvoeringsregeling Invorderingswet 1990 (UR IW 1990)], así como en las directrices de recaudación [Leidraad Invordering 2008 (LI 2008)] y, constituye, en algunas partes, una flexibilización de las mismas.

dinero— y se podría frustrar, con ello, la posibilidad de sacar adelante a la empresa en dificultades.

Sin embargo, involucrar a los créditos públicos en los planes de reestructuración no debería dificultar la adopción de estos cuando la empresa es viable. Por una parte, dada la flexibilidad con la que puede configurarse el perímetro de afectación, los promotores del plan podrán decidir si afectarlos o no y con qué alcance en función de lo que resulte necesario para la reestructuración[241]. Así las cosas, podrán excluirlos si el plan se limita a reestructurar el pasivo financiero y, de optar por incluirlos, lo habitual debería ser que la afectación se limitara a los créditos públicos ordinarios y subordinados.

> Sin embargo, con relación al crédito público que tienen la consideración de privilegiado general en un 50% y de ordinario en el otro 50% (art. 280.4º LC), se ha planteado la posibilidad contraria: afectar a la parte privilegiada del crédito y dejar fuera del plan a la parte no privilegiada. Esta curiosa solución se explica desde el interés en obtener la aprobación del plan bien por una mayoría de clases, de las cuales al menos una sea una clase de créditos que en el concurso hubieran sido clasificados como créditos con privilegio especial o general (art. 639.1º LC), o por una sola clase que, tras una valoración de la empresa en funcionamiento, pueda presumirse que hubiera recibido algún pago (art. 639.2º LC). Como es sabido, en cualquiera de estos supuestos, es posible solicitar la homologación de un plan que no haya sido aprobado por todas las clases de acreedores. Así, la afectación del crédito público privilegiado se utiliza para imponer el plan a los demás créditos[242]. A nuestro juicio, esta opción resulta criticable por varias razones. Por una parte, permite dejar la homologación en manos de unos acreedores cuya afectación por el plan es, en principio, muy limitada —*v.gr.*, las esperas en los términos previstos en la ley—, y a los que no se impone una pérdida de valor

---

[241] Sobre la posibilidad de llevar a cabo reestructuraciones limitadas, GARCIMARTÍN, *Almacén de Derecho* (2022), p. 12.

[242] Así lo explica SIGUERO MUÑOZ, *La formación de clases*, pp. 67-68.

económico[243]. Adviértase que, en el segundo caso (art. 639.2º LC), para homologar el plan, la Ley concursal se limita a exigir su aprobación por una clase de créditos afectados, esto es, de créditos que "[...] de conformidad con el plan, vayan a sufrir una modificación de sus términos o condiciones, con independencia de que además se altere su valor real"[244]. No se exige, pues, que haya sido aprobado por al menos una clase de créditos perjudicados, es decir, de créditos que, como consecuencia del plan, sufran una reducción de valor, algo que, sin embargo, sí permite la directiva [art. 11.1 b) ii][245]. Por otra parte, esta delimitación del perímetro de afectación carece de justificación en la medida en que afecta a un crédito —el privilegiado— que previsiblemente sería íntegramente satisfecho en una situación concursal, y no a otro —el ordinario— que previsiblemente no lo sería y que, por lo tanto, tendría sentido reestructurar. Esta falta de justificación material debe bastar para que el juez entienda que el plan no satisface los requisitos de contenido necesarios para homologarlo, entre los que se encuentra la expresión de las razones en las que se basa la exclusión de determinados acreedores o socios (arts. 638.2º y 633.8º LC). En efecto, según la Exposición de motivos de la ley, la delimitación del perímetro de la reestructuración ha de responder a "[...] criterios objetivos y suficientemente justificados"[246]. Así, la necesidad de expresar dichas razones —o, si se prefiere, de justificar la exclusión— no se reduce a un requisito meramente formal, sino que, de acuerdo con la finalidad perseguida por la norma, debe permitir *establecer la idoneidad de esta desde la lógica de la reestructuración,* es decir, desde la necesidad superar las concretas dificultades

---

243 Se indica que los créditos públicos han de resultar afectados, pero "sin recorte económico ni merma de ningún tipo". *Ibid.*, p. 67.

244 Esta definición de los créditos afectados se encuentra en el apartado III de la Exposición de motivos de la Ley 16/2022. Asimismo, en el cuerpo de la ley se definen como "[...] los créditos que en virtud del plan de reestructuración sufran una modificación de sus términos o condiciones [...]" (art. 616.1 LC).

245 Conforme al considerando 54 de la directiva por perjuicio de un acreedor se entiende "que hay[a] una reducción en el valor de sus créditos".

246 Apartado III.

financieras del deudor y de sacarla adelante[247]. Pues bien, no se entiende cómo la afectación por el plan de los créditos públicos de rango superior y la exclusión de los de rango inferior puede permitir alcanzar dicho resultado. Además, esta solución resultará contraria a la regla de prioridad absoluta cuando permita que el crédito público de rango inferior sea íntegramente satisfecho en el momento de su vencimiento, mientras se impone una espera al crédito público de rango superior que retrasa su exigibilidad sin recibir compensación alguna por ello. En tal caso, el crédito público de rango inferior estaría recibiendo valor en una fecha en la que, aplicada la correspondiente tasa de descuento, el crédito público de rango superior no podría considerarse íntegramente satisfecho[248]. Ahora

---

247 A favor de este control, v. SJPI nº 1 de Palencia nº 85/2024, de 14 de junio (*Tol 10093640*), f.d. 3º, que reproduce los párrafos 251 a 254 de la SAP Valencia nº 86/2024 y asume la solución allí expuesta. También v. SAP de Pontevedra (Sección 1ª) nº 179/2023, de 10 de abril (Xeldiest), f.d. 4º, párr. 40. En ellas, se considera que ha de llevarse a cabo sobre la base de los mismos criterios que se utilizan para la formación de clases (art. 623 LC). En el derecho alemán, la ley menciona a título ejemplificativo tres supuestos en los que la exclusión se considera equitativa ("sachgerecht"): cuando se trata de créditos que previsiblemente serían íntegramente satisfechos en el procedimiento concursal formal; cuando parezca apropiada para reestructurar la empresa a la luz de las dificultades financieras que deban superarse y de las circunstancias concretas del caso, o cuando el plan incluya todos los créditos reestructurables. Sobre el particular, C. BRÜNKMANS, "Comentario del § 8 StaRUG", en F. JACOBY/C. THOLE (eds.), *Unternehmensstabilisierungs- und -restrukturierungsgesetz: StaRUG*, Beck, Múnich, 2023, RdN 1-3 y 7-8. Sobre el carácter ejemplificativo de esta enumeración, *ibid.*, RdN 7; M. TASMA, "Comentario del § 8 StaRUG", en L.F. FLÖTHER, *Unternehmensstabilisierungs- und -restrukturierungsgesetz (StaRUG)*, Beck, Múnich, 2021, RdN. 8 y 15.

248 Entre nosotros, v. F. GARCIMARTÍN, "Los planes de reestructuración: reflexiones sobre la regla de la mayoría y la regla de equidad", *Almacén de Derecho*, 2024, disponible en https://almacendederecho.org/los-planes-de-reestructuracion-reflexiones-sobre-la-regla-de-la-mayoria-y-la-regla-de-equidad, donde señala que, en el plano vertical, la formación del perímetro de afectación se controla a través de la regla de equidad, que comprende la regla de prioridad absoluta. También en el derecho holandés, donde además de la justificación, deberá acreditarse que la exclusión no afecta a los derechos de los

bien, no cabe esperar que, precisamente, los créditos públicos privilegiados que aprobaron el plan vayan a oponerse a su homologación o a impugnarla por este motivo. De hecho, no podrían hacerlo (art. 655.1 LC). Dicho lo anterior, el plan de reestructuración del Real Murcia Club de Fútbol, homologado por el Auto nº 250/2024 del Juzgado de lo Mercantil de Murcia constituye un supuesto muy singular de afectación de los créditos públicos privilegiados. A favor de este plan votaron cuatro clases de las siete en las que se dividían los créditos afectados. Estas son la clase correspondiente al crédito privilegiado especial del Ayuntamiento de Murcia por el IBI de los dos últimos ejercicios, y la clase correspondiente al crédito privilegiado general tributario de este mismo Ayuntamiento por el 50% de las cantidades adeudadas en concepto del Impuesto de Actividades Económicas y Vehículos, que deben abonarse en el plazo de un mes desde que se dicte el auto de homologación o, en su caso, desde la sentencia de la Audiencia Provincial que resuelva las impugnaciones; la clase correspondiente al crédito privilegiado general de EMUASA, por el 50% de las cantidades adeudadas en concepto de suministro de agua —cuya clasificación como crédito privilegiado ya hemos criticado en este trabajo[249]—, que debe abonarse en diez plazos desde el auto de homologación, y la clase correspondiente al crédito subordinado por la financiación interina otorgada por una persona especialmente relacionada con el deudor, que es objeto de capitalización. El 50% restante de las cantidades adeudadas, que tienen la condición de créditos ordinarios, no resultan afectadas por el plan y son objeto de un aplazamiento de dieciocho meses negociado al

acreedores de rango igual o superior. Así, v. RESOR, *The Act on the Confirmation of Private Plans*, p. 63, disponible en https://resor.nl/wp-content/uploads/2020/03/WHOA_ENG.pdf. En el derecho alemán, se entiende que la comparación del valor que reciben los créditos que quedan fuera del plan con el que reciben aquellos que quedan afectados por este forma parte de la valoración de la equidad de la exclusión recogida en el § 8 StaRUG. Así, v. F. JACOBY, "Comentario del § 27 StaRUG", en F. JACOBY/C. THOLE (eds.), *Unternehmensstabilisierungs- und -restrukturierungsgesetz: StaRUG*, Beck, Múnich, 2023, RdN 9.

249 V. *supra* nota nº 28.

> margen de este. Para justificar esta exclusión, se argumentó que el deudor no se encontraba al corriente de pago de las deudas tributarias y de la Seguridad social y que los créditos tenían una antigüedad superior a dos años. Respecto de las clases de créditos privados que rechazaron el plan, en las que se integran los créditos ordinarios y subordinados comunes, se contemplan quitas de entre el 95% y el 100% del nominal de los créditos y esperas de tres años. Así las cosas, el hecho de que los créditos públicos ordinarios sean objeto de un aplazamiento mayor al margen del plan impide entender que reciban más valor que los créditos públicos de rango superior afectados por el mismo. Sin embargo, al no encontrarse el deudor al corriente de pago de los créditos tributarios y de la Seguridad social no puede considerarse justificada la afectación de los créditos públicos privilegiados, que, en esas circunstancias, está excluida *ex lege* (art. 616 LC). Por lo demás, este plan constituye un claro ejemplo de la redistribución de valor en beneficio de los créditos públicos y a costa de los privados que posibilita el tratamiento especial del crédito público contemplado en la Ley concursal. Nótese que para lograr la íntegra satisfacción de los créditos públicos ordinarios y subordinados, que tan sólo quedan sometidos a un aplazamiento de dieciocho meses, se hace necesario imponer una importante pérdida de valor a los acreedores privados del mismo rango, que sufren una quita total o cuasi-total. El resultado es profundamente inequitativo.

Por otra parte, en caso de que para sacar adelante la reestructuración resulte preciso afectar a los demás créditos públicos debemos realizar las siguientes consideraciones. En primer lugar, *lo que cabe esperar de una empresa viable en reestructuración es que, al menos, tenga capacidad para satisfacer su pasivo privilegiado* y que, por lo tanto, para reestructurar su pasivo no sea necesario aplicar quitas a esos créditos[250]. En lo que al crédito público privilegiado se refiere, esto significa que, en virtud de la prueba del interés

---

[250] En el *Chapter 11*, lo normal es que los créditos privilegiados que resultan afectados por el plan sean satisfechos íntegramente desde el momento en que el plan surte efectos. No obstante, a salvo que-

superior de los acreedores y a la vista de su cuota hipotética de liquidación, lo normal será que no se les impongan quitas. Recordemos que esa es la idea que está detrás de la posibilidad que la directiva ofrece a los Estados miembros de excluir a los créditos públicos privilegiados de quitas totales o parciales y que ha sido incorporada a nuestro ordenamiento (v. *supra* § 6.1). Además, en el caso particular de los *créditos públicos con privilegio especial* (p.ej., art. 270.1º LC), si en su clase el voto a favor del plan hubiera sido inferior al disidente podrán realizar el bien o derecho objeto de la garantía o, alternativamente, cobrar su crédito en un plazo no superior a 120 días si así se hubiera contemplado en el plan (art. 651.1 y 2 LC). Por lo que se refiere a los *créditos públicos con privilegio general* (art. 280.2º y 4º LC) se les podrán imponer esperas en la reestructuración siempre que en el plan se reconozca a los acreedores afectados por esta el derecho a percibir un interés que a valor presente les permita recibir un valor igual al nominal de su crédito[251]. De no acordarse el abono de dicho interés, la espera por la que se aplaza la exigibilidad de un crédito vencido debe considerarse financieramente equivalente a una quita. Esto no es más que la consecuencia de actualizar a valor presente, aplicando la correspondiente tasa de descuento, el valor del crédito cuya exigibilidad queda diferida en el tiempo[252]. La solución propuesta ya se contempla en el caso de los aplazamientos y fraccionamientos en los pagos de los créditos públicos que devengan necesariamente interés de demora (art. 53.1 RGR).

> A modo de ejemplo, en el plan de reestructuración de Ezentis se dispone que "[e]l crédito público titularidad de la Hacienda Pública, será afectado de acuerdo con las medidas previstas en el artículo 616 TRLC, en par-

---

da la posibilidad de establecer un tratamiento alternativo. Así, v. BROUDE, *Reorganizations*, § 12.12[2]-[3].

251 BROUDE, *Reorganizations*, § 12.12[3], pp. 12-26 a 12-28.

252 D. EPSTEIN/S.H. NICKLES/J.J. WHITE, *Bankruptcy*, West Group, St. Paul, 1993, pp. 764-765: "The debtor may pay creditors over the time as long as the present value of the time payment at least equals the allowed amount of the claim".

> ticular, pago en DOCE (12) mensualidades iguales más los intereses de demora que correspondan de acuerdo con el Plan de Viabilidad, a contar desde la fecha del auto de homologación del Plan de Reestructuración tanto el crédito con vocación de privilegiado especial (B1) como el ordinario (B2) en un hipotético futuro concurso"[253].

La aplicación de una espera sobre los créditos públicos privilegiados de mejor rango (art. 280.2º LC), acompañada del pago de intereses que aseguren la satisfacción del valor presente de los créditos afectados por el plan tampoco plantea problemas a la hora de adoptar medidas de reestructuración respecto de los créditos situados por debajo de ellos y, particularmente, de nuevas esperas. Esto resulta de particular importancia en el caso de los créditos públicos distintos de las retenciones (art. 280.4º LC) y, en el caso de reestructuraciones sucesivas, de los créditos resultantes de la financiación interina o la nueva financiación adoptada en una primera reestructuración (art. 280.6º LC).

> No se toman en consideración a estos efectos los créditos derivados de las relaciones laborales (art. 280.1º LC), y los resultantes de responsabilidad civil extracontractual (art. 280.5º LC) pues, como ya indicamos, han quedado excluidos *ex lege* de las reestructuraciones (art. 616.2 LC). Y aunque los créditos de personas naturales por trabajo personal no dependiente y los de los autores por la cesión de derechos de explotación de una obra objeto de propiedad intelectual (art. 280.3º LC) sí pueden ser, en principio, afectados por el plan, no parecen supuestos que se vayan a presentar con frecuencia en una reestructuración.

En cualquier caso, si las medidas contempladas en el plan permitieran a la clase privilegiada de rango inferior recibir valor cuando la clase privilegiada de rango superior no ha sido íntegramente satisfecha (p.ej., cuando a resultas

---

[253] Este plan está disponible en https://www.ezentis.com/media/2023/03/plan-de-reestructuracion-grupo-ezentis-sa.pdf.

de la aplicación de las esperas a los créditos privilegiados y reducidas a valor presente estos sólo cobran una parte de sus créditos), la regla de la prioridad absoluta podría ser excepcionada cuando ello fuera imprescindible para asegurar la viabilidad de la empresa y los créditos afectados no se vieran perjudicados injustificadamente (art. 655.3 LC).

En segundo lugar, como indicábamos, los *principales afectados por la aproximación propuesta en este trabajo habrán de ser los créditos públicos ordinarios y los subordinados.* Probablemente será en alguna de esas clases donde "rompa el valor" de la empresa en reestructuración. Asegurada la satisfacción del valor presente de los créditos privilegiados, se podrá aplicar a aquellos las mismas medidas de reestructuración que a los créditos privados para reestructurar el pasivo del deudor, permitiendo, de este modo, que en los planes no consensuales se respete la regla de la prioridad absoluta y la prohibición de trato menos favorable entre clases del mismo rango (v. *supra* § 6.3). Por lo demás, siempre que las medidas aplicadas a los créditos públicos afectados por el plan se sujeten al test del acreedor privado y concedan al deudor ventajas que cualquier acreedor privado hubiera estado dispuesto a aceptar tampoco se plantearán problemas desde el punto de vista de la regulación de las ayudas de Estado (v. *supra* § 4.4)[254].

---

[254] Sin embargo, PULGAR, RDM, 323 (2022), III.5.1, apunta el riesgo de que la afectación de los créditos públicos por las reestructuraciones pueda dar ser constitutiva de ayuda de Estado.

§8. *Consideración final*

Que tradicionalmente los créditos públicos hayan gozado de privilegios que les dejan fuera de las respuestas previstas en el ordenamiento jurídico frente a la insolvencia no es un argumento que pueda justificar que soluciones como estas se mantengan en el tiempo. El mandato constitucional, consagrado en el art. 31.1 CE, de que todos los ciudadanos contribuyan al sostenimiento del gasto público a través de un sistema tributario justo tampoco justifica que el Estado pueda externalizar sobre los acreedores privados las pérdidas que se derivan de la insolvencia de los deudores y, particularmente, los costes de reestructurar empresas viables. El interés general en asegurar el sostenimiento del Estado debe conciliarse con el interés igualmente general de posibilitar la reestructuración de empresas valiosas en beneficio del conjunto de la sociedad —*v.gr.*, en términos de fomento de las inversiones, creación de riqueza, mantenimiento de puestos de trabajo, etc.—.

Incluir al crédito público en las reestructuraciones no es convertir a las Administraciones titulares de créditos públicos en financiadores de último recurso ("lenders of last resort"), esto es, en financiadores de aquellos deudores que no se encuentran en disposición de obtener financiación en el mercado como, por ejemplo, sucedió durante la crisis del Covid. Para sacar adelante un plan de reestructuración que pueda ser homologado y que, por lo tanto, pueda afectar incluso a los acreedores disidentes, este debe contar, como mínimo, con la aprobación de una clase de acreedores que tenga algo que perder en la reestructuración y que manifiestan con su voto favorable una voluntad de "seguir financiando" al deudor (art. 639.2º LC). Además, la aplicación de garantías como el test del interés superior de los acreedores asegura a los acreedores públicos el valor de su cuota de liquidación en el concurso y que, por lo tanto, no estarán peor en reestructuración que en liquidación. En estas circunstancias, no está justificado que los créditos públicos, entendidos como aquellos que siendo de titularidad pública derivan del ejercicio de potestades administrativas —y no de poderes o facultades comunes de cualquier sujeto de derecho privado—, puedan quedar excluidos de la reestructuración.

De acuerdo con lo dispuesto en la directiva, los créditos públicos deben poder ser afectados por un plan de reestructuración si quienes lo proponen lo consideran oportuno y en los términos que resulten precisos para desapalancar al deudor. Asimismo, en tanto que créditos que pueden ser afectados por el plan, sus acciones ejecutivas deben poder ser paralizadas durante todo el tiempo que se negocia aquel, particularmente, cuando puedan afectar a bienes o derechos que son necesarios para la reestructuración o, cuando no siendo necesarios, resulta preciso paralizar la ejecución para el buen fin de la negociación. El comportamiento del Estado aferrándose a los procedimientos especiales de aplazamiento y fraccionamiento de los pagos para limitar el impacto sobre el crédito público de las reestructuraciones no está justificado pues, como hemos expuesto, puede impedir la reestructuración de empresas viables y destruir valor en perjuicio de la sociedad. Esto resulta particularmente grave en el caso de empresas que han recibido determinadas ayudas en forma de préstamos para superar la crisis del Covid y en las que cabe esperar que el crédito público pendiente de pago sea considerable. En estos casos, la imposibilidad de reestructurar el pasivo del deudor por la falta de colaboración del crédito público conduciría al despilfarro de los recursos públicos que se invirtieron en dichas empresas al frustrarse los objetivos buscados con dicha inversión. De ahí que esta solución que, como hemos dicho, es incompatible con lo dispuesto en la directiva, deba ser revisada y, mientras se lleva a cabo tal revisión, haya de ser inaplicada por los tribunales, con base en la jurisprudencia del Tribunal de Justicia, en los términos que hemos propuesto en este trabajo.

Bibliografía

AAVV, *Fallimento e crisi d'impresa*, Wolters Kluwer, Milán, 2022.

ADLER, B; CASEY, A.J.; MORRISON, E.; *Baird & Jackson's Bankruptcy. Cases, Problems, and Materials*, 5ª edición, Foundation Press, Nueva York, 2020.

ALMOGUERA, J.; "La actuación de los acreedores públicos frente a un empresario en crisis", RcP, nº 15, 2011, pp. 167-181.

ALVARGONZÁLEZ TREMOLS, A.; "Clasificación de los créditos ICO en los planes de reestructuración", en J.A. GARCÍA-CRUCES (coord.), *De Iure Mercatus. Libro Homenaje al Prof. Dr. h. c. Alberto Bercovitz Rodríguez Cano*, Tirant lo Blanch, Valencia, 2023, pp. 3384-4009.

ARRUÑADA, B.; "Malas leyes. Aplicación al Derecho concursal", en A. VEIGA (dir.)/M. MARTÍNEZ (coord.), *El acreedor en el derecho concursal y preconcursal a la luz del Texto refundido de la Ley Concursal*, Civitas, Thomson Reuters, Cizur Menor, disponible también en https://arrunada.org/files/research/ARRUÑADA%202020%20Malas%20leyes%20con%20aplicación%20a%20Concursal%20Civitas.pdf.

AZOFRA, F.; "La suspensión de ejecuciones en el preconcurso tras la ley 16/2022", I&R, nº 7, 2022, pp. 93-127.

AZOFRA, F.; "Comentario del artículo 616 LC", en J. PULGAR (dir.), *Comentario a la Ley Concursal*, t. II, 3ª edición, La Ley, Madrid, 2023, pp. 979-986.

AZOFRA, F.; "Comentario del artículo 616 bis LC", en J. PULGAR (dir.), *Comentario a la Ley Concursal*, t. II, 3ª edición, La Ley, Madrid, 2023, pp. 987-996.

BAIRD, D.G.; *The Elements of Bankruptcy Law*, Foundation Press, Nueva York, 1993.

BERMEJO, N.; *Créditos y quiebra*, Civitas, Madrid, 2002.

BERMEJO, N.; "Comentario del artículo 135 LC", en A. ROJO/E. BELTRÁN (dirs.), *Comentario de la Ley concursal*, t. II, Civitas, Madrid, 2004, pp. 2234-2243.

BERMEJO, N.; "El apoyo público a la solvencia empresarial y el privilegio del crédito público (o lo que cabe esperar de este privilegio)", ADCo, nº 52, 2021, pp. 271-282.

BITTER, G.; Comentario del § 43 InsO, en R. STÜRNER/H. EIDENMÜLLER/H. SCHOPPMEYER (dirs.), *Münchener Kommentar zur Insolvenzordnung*, 4ª edición, Beck, Múnich, 2019.

BOSS, H./LUTTMANN, M.; "Comentario del § 49 StaRUG", en C. MORGEN (ed.), *Kommentar zur Gesetz über den Stabilisierungs- und Restrukturierungsrahmen für Unternehmen*, RWS, Colonia, 2022.

BRÜNKMANS, C.; "Comentario del § 8 StaRUG", en F. JACOBY/C. THOLE (eds.), *Unternehmensstabilisierungs- und -restrukturierungsgesetz: StaRUG*, Beck, Múnich, 2023.

BROUDE, R.; *Reorganizations under Chapter 11 of the Bankruptcy Code*, Law Journal Press, Nueva York, 2022.

CABANAS, R.; "Comentario del artículo 605 LC", en J. PULGAR (dir.), *Comentario a la Ley Concursal*, t. II, 3ª edición, La Ley, Madrid, 2023, pp. 939-943.

CERDÁ ALBERO, F.; "El plan de reestructuración: contenidos y aprobación. (formación de clases de créditos, votación y mayorías)", en A. COHEN (dir.), *El nuevo marco jurídico de la reestructuración de empresas en España*, Thomson Reuters, Cizur Menor, 2023.

CORK, K.; *Insolvency Law and Practice. Report of the Review Commitee*, Londres, 1982.

DAMMANN, R.; "Comentario del artículo 1", en C.G. PAULUS/R. DAMMANN (eds.), *European Preventive Restructuring. Directive (EU) 2019/1023. Article-by-Article Commentary*, Beck-Hart, Múnich-Oxford, 2021.

DE ROJAS, P.; "Comentario del artículo 634 LC", en J. PULGAR (dir.), *Comentario a la Ley Concursal*, t. II, 3ª edición, La Ley, Madrid, 2023, pp. 1136-1138.

DE LA FUENTE, A./ARRUÑADA, B. (coords.); "¿Cómo ayudar a las empresas en la crisis del COVID?, *FEDEA Policy Papers*, 2021/05, disponible en https://fedea.net/como-ayudar-a-las-empresas-en-la-crisis-del-covid.

DE LA HUCHA CELADOR, F.; "La cuestión competencial interna en materia de Hacienda: instituciones generales y territoriales", *Iura Vasconie*, nº 16, 2019, pp. 413-449.

DÍEZ-PICAZO, L.; *La representación en el Derecho privado*, Civitas, Madrid, 1992.

DÍEZ-PICAZO, L.; *Fundamentos del Derecho civil patrimonial*, t. II, 4ª edición, Civitas, Madrid, 1993.

EHRICKE, U./BEHME, C.; "Comentario del § 39 InsO", en R. STÜRNER/H. EIDENMÜLLER/H. SCHOPPMEYER (dirs.), *Münchener Kommentar zur Insolvenzordnung*, 4ª edición, Beck, Múnich, 2019.

EICHEL, F.; Comentario de los §§ 43 y 44 InsO, en H.F. MÜLLER/F. EICHEL/F. MYLICH/J.F. HOFFMANN (eds.), *Jaeger Kommentar zur Insolvenzordnung*, 2ª edición, De Gruyter, Berlín, 2023.

EPSTEIN, D./NICKLES, S.H./WHITE, J.J.; *Bankruptcy*, West Group, St. Paul, 1993.

FACHAL, N.; "La comunicación de inicio de negociaciones como instrumento facilitador de la reestructuración", en A. COHEN (dir.), *Nuevo marco jurídico de la reestructuración de empresas en España*, Aranzadi, Cizur Menor, 2023 (versión Proview).

FERNÁNDEZ FARRERES, G.; "El régimen de las ayudas de estado y su impacto en el derecho español", *Revista de Administración Pública*, nº 200, 2016, pp. 231-250.

FERNÁNDEZ FARRERES, G.; "El concepto de subvención y los ámbitos objetivo y subjetivo de aplicación de la ley", en G. FERNÁNDEZ FARRERES (dir.), *Comentario a la Ley General de Subvenciones*, Thomson-Civitas, Madrid, 2005, pp. 29-63.

FLORES, M.; "El régimen jurídico de los avales públicos en caso de insolvencia del deudor avalado", ADCo, nº 58, 2023 (versión Proview).

GALLEGO CÓRCOLES, A.; "La afectación del crédito público por los planes de reestructuración en el texto refundido de la ley concursal a la luz de la directiva 2019/1023", ADCo, nº 60, 2023 (versión Proview).

GAMERO, E.; "Delimitación conceptual de la potestad administrativa", en E. GAMERO (dir.), *La potestad administrativa. Concepto y alcance práctico de un criterio clave para la aplicación del Derecho administrativo*, Tirant lo Blanch, Valencia, 2021, pp. 49-151.

GARCÍA-CRUCES, J.A.; "Crédito público y planes de reestructuración", en J.A. GARCÍA-CRUCES (coord.), *De Iure Mercatus. Libro Homenaje al Prof. Dr. h. c. Alberto Bercovitz Rodríguez Cano*, Tirant lo Blanch, Valencia, 2023, pp. 4249-4291.

GARCIMARTÍN, F.; "El derecho preconcursal: una visión general", ADCo, nº 57, 2022, (versión Proview).

GARCIMARTÍN, F.; "Sobre el nuevo régimen aplicable a los planes de reestructuración", I&R, nº 7, 2022, pp. 51-91.

GARCIMARTÍN, F.; "La reforma del Derecho Preconcursal: algunas reflexiones sobre sus fundamentos", en A. DÍAZ MORENO/F.J. LEÓN SANZ/J. BRENES/S. RODRÍGUEZ (dirs.), *La reestructuración como solución de las empresas viables*, Aranzadi, Cizur Menor, 2022, pp. 33-61.

GARCIMARTÍN, F.; "Comentario del artículo 4", en C.G. PAULUS/R. DAMMANN (eds.), *European Preventive Restructuring. Directive (EU) 2019/1023. Article-by-Article Commentary*, Beck-Hart, Múnich-Oxford, 2021.

GARCIMARTÍN, F.; "Comentario del artículo 10", en C.G. PAULUS/R. DAMMANN (eds.), *European Preventive Restructuring. Directive (EU) 2019/1023. Article-by-Article Commentary*, Beck-Hart, Múnich-Oxford, 2021.

GARCIMARTÍN, F.; "Los planes de reestructuración: reflexiones sobre la regla de la mayoría y la regla de equidad", *Almacén de Derecho*, 2024, disponible en https://almacendederecho.org/los-planes-de-reestructuracion-reflexiones-sobre-la-regla-de-la-mayoria-y-la-regla-de-equidad.

GARCIMARTÍN, F.; "Apuntes sobre la formación de clases en Derecho preconcursal", *Almacén de Derecho*, 2022, disponible en https://almacendederecho.org/apuntes-sobre-la-formacion-de-clases-en-el-derecho-preconcursal.

GARCIMARTÍN, F./THERY, A.; "Conflictos de interés y acuerdos de refinanciación", *Almacén de Derecho*, 2021, disponible en https://almacendederecho.org/conflictos-de-interes-y-acuerdos-de-refinanciacion.

GARRIDO, J.M.; *Tratado de las preferencias del crédito*, Civitas, Madrid, 2000.

GARRIDO, J.M.; "Comentario del artículo 91 LC", en A. ROJO/E. BELTRÁN (dirs.), *Comentario de la Ley concursal*, t. I, Civitas, Madrid, 2004, pp. 1635-1657.

GARRIDO, J.M./DELONG, C./RASEKH, A./ROSHA, A.; "Restructuring and Insolvency in Europe: Policy Options in the Implementation of the EU Directive", *IMF Working Paper*, WP/21/152, 2021, disponible en https://www.imf.org/en/Publications/WP/Issues/2021/05/27/Restructuring-and-Insolvency-in-Europe-Policy-Options-in-the-Implementation-of-the-EU-50235.

GONZÁLEZ VÁZQUEZ, J.C.; "Algunas consideraciones en torno a la SJMER nº 1 de San Sebastián de 23 de noviembre de 2023 (caso Transbiaga) I", disponible en https://es.linkedin.com/pulse/algunas-consideraciones-en-torno-la-sjmer-nº-1-de-san-josé-carlos-nioqf.

GONZÁLEZ VÁZQUEZ, J.C.; *Píldoras sobre la reforma del texto refundido de la Ley Concursal (Ley 16/2022) Análisis crítico con enfoque práctico*, Tirant lo Blanch, Valencia, 2023.

GRAVENBUCHER KREIS; "Vorinsolvenzliches Sanierungsverfahren in Deutschland?", ZIP, nº 25-26, 2016, pp. 1208-1210.

GUILARTE ZAPATERO, V.; "Comentario del artículo 1823 CC", en L. DÍEZ-PICAZO/R. BERCOVITZ/C. PAZ-ARES/P. SALVADOR CODERCH (dirs.), *Comentario del Código civil*, t. II, Ministerio de Justicia, Madrid, 1991, pp. 1785-1787.

HIRTE, H.; "Comentario del § 39 InsO", en H. HIRTE/H. VALLENDER (dirs.), *Uhlenbruck Insolvenzordnung Kommentar*, t. I, 15ª edición, F. Vahlen, Múnich, 2019.

HOFMANN, M.; "Comentario del § 2 StaRUG", en F. JACOBY/C. THOLE (eds.), *Unternehmensstabilisierungs- und -restrukturierungsgesetz: StaRUG*, Beck, Múnich, 2023.

HUBER, H.; "Bestehende Avale in der Insolvenz des Auftraggebers", en M. OBERMÜLLER (ed.), *Insolvenzrecht in der Bankpraxis*, 10ª edición, Otto Schmidt, Colonia, 2023.

JACKSON, T.H.; *The Logic and Limits of Bankruptcy Law*, Harvard University Press, Cambridge-Londres, 1986.

JACOBY, F.; "Comentario del § 27 StaRUG", en F. JACOBY/C. THOLE (eds.), *Unternehmensstabilisierungs- und -restrukturierungsgesetz: StaRUG*, Beck, Múnich, 2023.

KNAPP, M./WILDE, J.P.; "Comentario del § 2 StaRUG", en C. MORGEN (ed.), *Kommentar zur Gesetz über den Stabilisierungs- und Restrukturierungsrahmen für Unternehmen*, RWS, Colonia, 2022.

LADÓ CASTRO-RIAL, C.; "Créditos públicos en preconcurso: algunas cuestiones controvertidas en la práctica jurisprudencial reciente", I&R, nº 13, 2024, pp. 135-154.

LADÓ CASTRO-RIAL, C.; "El crédito público en la Ley de Reforma del Texto Refundido de la Ley Concursal", I&R, nº 7, 2022, pp. 173-211.

LADÓ CASTRO-RIAL, C.; "Comentario de la Disposición Adicional Primera LC", en J. PULGAR (dir.), *Comentario a la Ley Concursal*, t. II, 3ª edición, La Ley, Madrid, 2023, pp. 2056-2058.

LÓPEZ ESCUDERO, M.; "Desafíos y límites a la primacía del Derecho de la UE: Jurisprudencia reciente del TJUE y de los tribunales constitucionales nacionales", RGDE, nº 58, 2022, pp. 49-113.

MANGANO, R.; "Accordi di ristrutturazione e transazione su crediti tributari e contributivi", en M. IRRERA/F. PASQUARIELLO/M. PERRINO (dirs.), *Lineamenti di diritto della crisi e dell'insolvenza*, Zanichelli, 2023, pp. 152-183.

MARTÍNEZ CAPDEVILA, C.; *Las declaraciones en el Derecho comunitario. Estudio de las Declaraciones a los Tratados y al Derecho derivado*, Tecnos, Madrid, 2005.

MARTÍNEZ FLÓREZ, A.; "La igualdad de trato de los créditos del mismo rango en los planes de reestructuración: significado y tutela", *La Ley Insolvencia*, nº 21, 2023 (versión electrónica).

MARTÍNEZ SANZ, F.; "Algunas cuestiones prácticas que suscita la financiación ICO-COVID en los concursos de acreedores", ADCo, nº 57, 2022, (versión Proview).

MASTRULLO, T.; "Entre modernité et prudence: la transposition en droit français de la directive (UE) nº 2019/1023 du 20 juin 2019 sur la restructuration et l'insolvabilité", *Revue des Sociétés*, juillet-août 2022, pp. 391-405.

MORENO BUENDÍA, F.J.; "El alcance de los planes de reestructuración: los créditos afectados", en A. DÍAZ MORENO/F.J. LEÓN SANZ/J. BRENES/S. RODRÍGUEZ (dirs.), *La reestructuración como solución de las empresas viables*, Aranzadi, Cizur Menor, 2022, pp. 295-329.

NIGRO, A./VATTERMOLI, D.; *Diritto della crisi delle imprese*, 4ª edición, Mulino, Bolonia, 2023, pp. 476-477.

NOVO CUBA, P.; "El crédito público en la reestructuración", en A. COHEN (dir.), *El nuevo marco jurídico de la reestructuración de empresas en España*, Thomson Reuters, Cizur Menor, 2023 (versión Proview).

ORELLANA, N.; "Comentario del artículo 690 LC", en E. SANJUÁN/J.I. PEINADO (dirs.), *Comentarios al articulado del Libro Tercero del Texto Refundido de la Ley concursal*, Sepín, Madrid, 2023, pp. 95-113.

PALAO TABOADA, C.; "Prestaciones patrimoniales de carácter público", *Revista de Contabilidad y Tributación*, nº 481, 2023, pp. 5-58.

PAZ-ARES, C./ALFARO, J.; "Ensayo sobre la libertad de empresa", en A. CABANILLAS (coord.), *Estudios jurídicos en homenaje al profesor Luis Díez-Picazo*, vol. IV, 2002, pp. 5971-6040.

PÉREZ CRESPO, F.; "La Ley 16/2022 y las medidas para mejorar la eficiencia en los procedimientos concursales: planes de reestructuración y el convenio concursal", I&R, nº 7, 2022, pp. 317-355.

PRUSKO, W.; "Comentario del § 2 StaRUG", en R. STÜRNER/H. EIDENMÜLLER/H. SCHOPPMEYER/S. MADAUS (eds.), *Münchener Kommentar StaRUG*, Beck, Múnich, 2023.

PULGAR, J.; "Reestructuraciones preconcursales forzosas: el mejor interés de los acreedores", RDM, nº 323, 2022 (versión Proview).

PULGAR, J.; "Comentario del art. 616 TRLC", en J. PULGAR (dir.), *Comentario a la Ley concursal. Texto Refundido de la Ley concursal*, t. II, 2ª edición, Wolters Kluwer La Ley, Madrid, pp. 306-317.

PULGAR, J.; "Comentario del artículo 654 LC", en J. PULGAR (dir.), *Comentario a la Ley Concursal*, t. II, 3ª edición, La Ley, Madrid, 2023, pp. 1304-1337.

RECAMÁN, E.; "Comentario del artículo 698 LC", en J. PULGAR (dir.), *Comentario a la Ley Concursal*, t. II, 3ª edición, La Ley, Madrid, 2023, pp. 1656-1661.

RICHTER, T.; "Comentario del artículo 6", en C.G. PAULUS/R. DAMMANN (eds.), *European Preventive Restructuring. Directive (EU) 2019/1023. Article-by-Article Commentary*, Beck, Múnich, 2021.

RICHTER, T./THERY, A.; "Claims, Classes, Voting, Confirmation and the Cross-Class Cram-Down", en *INSOL Europe Guidance Note on the Implementation of Preventive Restructuring Frameworks under EU Directive 2019/1023*, 2020, disponible en https://www.insol-europe.org/publications/guidance-notes.

RIEWE, A.D.; "Comentario del § 49 StaRUG", en F. JACOBY/C. THOLE (eds.), *Unternehmensstabilisierungs- und -restrukturierungsgesetz: StaRUG*, Beck, Múnich, 2023.

RÖGER, H.; "Comentario del § 4 StaRUG", en C. MORGEN (ed.), *Kommentar zur Gesetz über den Stabilisierungs- und Restrukturierungsrahmen für Unternehmen*, RWS, Colonia, 2022.

ROJO, A.; "Comentario del artículo 2 LC", en A. ROJO/E. BELTRÁN (dirs.), *Comentario de la Ley concursal*, t. I, Civitas, Madrid, 2004, pp. 164-193.

SÁEZ DE SANTA MARÍA, S./JIMÉNEZ LÓPEZ, L.; "Planes de reestructuración y avales ICO", *Actualidad Jurídica Uría Menéndez*, nº 59, 2022, pp. 120-136.

SARMIENTO, D.; *El Derecho de la Unión europea*, 4ª edición, Marcial Pons, Madrid, 2022.

SARMIENTO, D.; *El* soft-law *administrativo*, Thomson Civitas, Cizur Menor, 2008.

SKAURADSZUN, D.; "Comentario del § 49 StaRUG", en R. STÜRNER/H. EIDENMÜLLER/H. SCHOPPMEYER/S. MADAUS (eds.), *Münchener Kommentar StaRUG*, Beck, Múnich, 2023.

SCHUIJLING, B.; "Stay of individual enforcement actions", en *INSOL Europe Guidance Note on the Implementation of Preventive Restructuring Frameworks under EU Directive 2019/1023*, 2020, párr. 22, p. 9, disponible en https://www.insol-europe.org/publications/guidance-notes.

SIGUERO MUÑOZ, G.; *La formación de clases de acreedores para la aprobación de un plan de reestructuración*, Sepín, Madrid, 2023.

TASMA, M.; "Comentario del § 8 StaRUG", en L.F. FLÖTHER, *Unternehmensstabilisierungs- und -restrukturierungsgesetz (StaRUG)*, Beck, Múnich, 2021.

THOMÀS, P.; "Reestructuraciones y crédito público en la ley 16/2022 de 5 de septiembre", ADCo, nº 58, 2022 (versión Proview).

THOMÀS, P.; "Fianzas y avales públicos en el concurso del deudor garantizado", *La Ley mercantil*, nº 90, 2022 (versión Smarteca).

THOLE, C.; "Der Richtlinienvorschlag zum präventiven Restrukturierungsrahmen", ZIP, nº 3, 2017, pp. 101-112.

TOLLENAAR, N.; *Pre-insolvency Proceedings. A Normative Foundation and Framework*, OUP, Oxford, 2019.

TOSCANO GIL, F.; "Las potestades administrativas en el ámbito de las subvenciones", en E. GAMERO (dir.), *La potestad administrativa. Concepto y alcance práctico de un criterio clave para la aplicación del Derecho administrativo*, Tirant lo Blanch, Valencia, 2021, pp. 827-873.

VALENCIA, F.; "Comentario del artículo 690 LC", en J. PULGAR (dir.), *Comentario a la Ley Concursal*, t. II, 3ª edición, La Ley, Madrid, 2023, pp. 1563-1572.

VALLENDER, H.; "Das vorgerichtliche Sanierungsverfahren – muss Deutschland sich bewegen?", ZIP nº 22, 2016, pp. 82-85.

VEDER, M.; "Comentario del artículo 2", en C.G. PAULUS/R. DAMMANN (eds.), *European Preventive Restructuring. Directive (EU) 2019/1023. Article-by-Article Commentary*, Beck-Hart, Múnich-Oxford, 2021.

VEDER, M.; "Comentario del artículo 11", en C.G. PAULUS/R. DAMMANN (eds.), *European Preventive Restructuring. Directive (EU) 2019/1023. Article-by-Article Commentary*, Beck-Hart, Múnich-Oxford, 2021.

VELASCO, F.; "Aplicación de la Ley de Procedimiento Administrativo Común a sujetos privados", en M. AROSO DE ALMEIDA/M. MÍGUEZ MACHO (coords.), *Regimes Gerais do Procedimento e da Atividade Administrativa: XIV Colóquio Luso-Espanhol de Professores de Direito Administrativo*, Almedina, Coimbra, 2022, pp. 47-74.

VILLORIA RIBERA, I; "Arrastre de los acreedores disidentes", en A. COHEN (dir.), *El nuevo marco jurídico de la reestructuración de empresas en España*, Thomson Reuters, Cizur Menor, 2023.

Jurisprudencia citada

1. Tribunal de Justicia

STJ de 4 de diciembre de 1974, *Yvonne Van Duyn y Home Office*, asunto 41/74 (*Tol 10112920*).

STJ de 19 de enero de 1982, *Ursula Becker y Finanzamt Münster-Innenstadt*, asunto 8/81 (*Tol 9936171*).

STJ de 30 de enero 1985, *Comisión c. Dinamarca*, asunto 143/83.

STJ de 26 de febrero de 1986, *M.H. Marshall y Southampton and South-West Hampshire Area Health Authority (Teaching)*, asunto 152/84.

STJ de 5 de abril de 1989, *Ministerio Fiscal y Tulio Ratti*, asunto 148/78.

STJ de 22 de febrero de 1990, *CECA y Fallimento Acciaierie e ferriere Busseni SpA*, asunto C-221/88.

STJ de 19 de noviembre de 1991, *Andrea Francovich y Danila Bonifaci c. República italiana*, asuntos C-6/90 y 9/90 (*Tol 9936156*).

STJ de 1 de diciembre de 1998, *Ecotrade Srl y Altiforni e Ferriere di Servóla SpA (AFS)*, asunto C-200/97 (*Tol 103849*).

STJ de 29 de abril de 1999, *España c. Comisión*, asunto C-342/96 (*Tol 105174*).

STJ de 17 de junio de 1999, *Industrie Aeronautiche e Meccaniche Rinaldo Piaggio SpA, e International Factors Italia SpA (Ifitalia), Dornier Luftfahrt GmbH, Ministero della Difesa*, asunto C-295/97 (*Tol 105124*).

STJ de 29 de junio de 1999, *Déménagements-Manutention Transport, SA*, asunto C-256/97 (*Tol 105104*).

STJ de 12 de octubre de 2000, *España c. Comisión*, asunto C-480/98 (*Tol 105533*).

STJ de 5 de octubre de 2004, *Berhard Pfeiffer y otros c. Deutsches Rotes Kreuz*, asuntos C-397/01 a C-403/01 (*Tol 9922625*).

STJ de 24 de enero de 2013, *Frucona-Kosice a.s. c. Comisión*, asunto C-73/11 P (*Tol 9916787*).

STJ de 21 de marzo de 2013, *Comisión europea c. Buczek Automotive sp. z o.o.*, asunto C-405/11 P (*Tol 4629958*).

STJ de 7 de abril de 2016, *Degano Trasporti Sas di Ferruccio Degano & C., en liquidación c. Pubblico Ministero presso il Tribunale di Udine*, asunto C-546/14 (*Tol 5678401*).

STJ de 16 de marzo de 2017, *Agenzia delle Entrate c. Marco Identi*, asunto C-493/15 (*Tol 5988731*).

STJ de 18 de mayo de 2017, *Fondul Proprietatea SA y Complexul Energetic Oltenia SA*, asunto C-150/16 (*Tol 6094054*).

STJ de 20 de septiembre de 2017, *Comisión europea c. Frucona-Kosice a.s.*, asunto C-300/16 P (*Tol 6342640*).

STJ de 7 de agosto de 2018, *David Smith y Patrick Meade, Philip Meade, FBD Insurance plc, Ireland, Attorney General*, asunto C-122/17 (*Tol 6687338*).

STJ de 24 de junio de 2019, *Daniel Adam Popławski*, asunto C-573/17 (*Tol 7301295*).

STJ de 26 de marzo de 2020, *Hungeod Közlekedésfejlesztési, Földmérési, Út- és Vasúttervezési Kft., Sixense Soldata, Budapesti Közlekedési Zrt. y Közbeszerzési Hatóság Közbeszerzési Döntőbizottság*, asuntos C-496/18 y C-497/18 (*Tol 7849917*).

STJ de 14 de enero de 2021, *RTS infra BVBA, Aannemingsbedrijf Norré-Behaegel BVBA y Vlaams Gewest*, asunto C-387/19 (*Tol 8261489*).

STJ de 18 de enero de 2022, *Thelen Technopark Berlin GmbH y MN*, asunto C-261/20 (*Tol 8748575*).

STJ de 8 de marzo de 2022, *NE y Bezirkshauptmannshaft Hartberg-Fürstenfeld*, asunto C-205/20 (*Tol 8823412*).

STJ de 21 de marzo 2024, *LEA y Jamendo, SA*, asunto C-10/22 (*Tol 9944253*).

STJ de 11 de abril de 2024, *Julieta y Rogelio contra AEAT*, asunto C-687/22 (*Tol 9965408*).

Conclusiones del Abogado General de la Tour, de 14 de diciembre de 2023, *Julieta y Rogelio contra AEAT*, asunto C-687/22 (*Tol 9961258*).

STJ de 7 de noviembre de 2024, AEAT y A, y S.E.I. y AEAT, asuntos acumulados C-289/23 y C-305/23.

2. Tribunal General (antes Tribunal de Primera Instancia)

STPI de 11 de junio de 2002, *Hijos de Andrés Molina, SA c. Comisión*, asunto T-152/99.

3. Tribunal Supremo

STS (Sala 1ª) nº 472/2013, de 16 de julio (*Tol 3853463*).

STS (Sala 1ª) nº 296/2018, de 23 de mayo (*Tol 6621362*).

STS (Sala 1ª) nº 645/2018, de 20 de noviembre (*Tol 6955613*).

STS (Sala 1ª) nº 789/2022, de 17 de noviembre (*Tol 9307339*).

STS (Sala 3ª) de 3 de diciembre de 1998 (Roj: 7249/1998, *Tol 1703810*).

STS (Sala 3ª) de 1 de junio de 2005 (Roj: 3530/2005; *Tol 668308*).

STS (Sala 3ª) de 12 de marzo de 2015 (Roj: STS 1204/2015; *Tol 4799310*).

4. Audiencias Provinciales

AAP de Barcelona (Sección 15ª) nº 36/2014, de 10 de abril (*Tol 4399094*).

AAP de Barcelona (Sección 15ª) nº 208/2015, de 25 de noviembre (*Tol 5609149*).

SAP de Coruña (Sección 4ª) nº 251/2015, de 22 de julio (*Tol 5429628*).

SAP de Madrid (Sección 28ª) nº 577/2017, de 15 de diciembre (*Tol 6517121*).

SAP de Guadalajara (Sección 1ª) nº 259/2020, de 9 de octubre (*Tol 8232295*).

SAP de Granada (Sección 3ª) nº 541/2021, de 16 de julio (*Tol 8644483*).

SAP de Murcia (Sección 4ª) nº 444/2022, de 28 de abril (*Tol 9152886*).

SAP de Pontevedra (Sección 1ª) nº 179/2023, de 10 de abril.

SAP de Tarragona (Sección 1ª) nº 572/2023, de 31 de octubre (*Tol 9848408*).

SAP de Valencia (Sección 9ª) nº 86/2024, de 27 de marzo (*Tol 9959368*).

SAP de Barcelona (Sección 15ª) nº 701/2024, de 9 de julio.

5. Juzgados de lo mercantil y de primera instancia

AJM nº 5 de Madrid nº 327/2023, de 28 de septiembre.

AJM nº 1 de Murcia nº 250/2024, de 2 de mayo (*Tol 9999218*).

AJM nº 2 de Granada nº 255/2024, de 15 de mayo.

AJM nº 16 de Madrid nº 340/2024, de 30 de julio.

SJM nº 1 de Gerona nº 58/2023, de 18 de mayo (*Tol 9655331*).

SJM nº 1 de San Sebastián nº 71/2023, de 23 noviembre (JUR\2023\436952).

SJM nº 13 de Madrid nº 44/2024, de 22 de mayo.

SJPI nº 1 de Palencia nº 85/2024, de 14 de junio (*Tol 10093640*).